Coleção Dois Mundos

G. K. Chesterton

São Francisco de Assis

TRADUÇÃO

Luis Reyes Gil

*mundaréu

TÍTULO ORIGINAL
Saint Francis of Assisi

COORDENAÇÃO EDITORIAL – COLEÇÃO DOIS MUNDOS
Silvia Naschenveng

CONCEPÇÃO DA COLEÇÃO E SUGESTÃO DE TÍTULOS
Tiago Tranjan

PROJETO GRÁFICO
Claudia Warrak e Raul Loureiro

CAPA
Claudia Warrak

DIAGRAMAÇÃO
Elis Nunes

REVISÃO
Bianca Galafassi e Isabela Norberto

Edição conforme o Acordo Ortográfico
da Língua Portuguesa (1990).

Dados Internacionais de Catalogação na Publicação (CIP)
(Câmara Brasileira do Livro, SP, Brasil)

Chesterton, G. K., 1874-1936.
São Francisco de Assis / G. K. Chesterton ; tradução Luis Reyes Gil. -- São Paulo : Mundaréu, 2016. -- (Coleção dois mundos)

Título original: Saint Francis of Assisi
ISBN 978-85-68259-10-8

1. Francisco, de Assis, Santo, 1182-1226
2. Santos cristãos - Biografia I. Título. II. Série.

16-03787 CDD-282.092

Índices para catálogo sistemático:
1. Santos : Igreja Católica : Biografia 282.092

[2016]

EDITORA MADALENA LTDA. EPP
São Paulo — SP
www.editoramundareu.com.br
vendas@editoramundareu.com.br

SUMÁRIO

Capítulo I
O problema de São Francisco 7

Capítulo II
O mundo que São Francisco encontrou 16

Capítulo III
Francisco, o combatente 33

Capítulo IV
Francisco, o construtor 47

Capítulo V
O Menestrel de Deus 59

Capítulo VI
O pequeno pobre 74

Capítulo VII
As três ordens 89

Capítulo VIII
O Espelho de Cristo 104

Capítulo IX
Milagres e morte 119

Capítulo X
O testamento de São Francisco 133

Capítulo I
O problema de São Francisco

Pode-se escrever um esboço de São Francisco de Assis em linguagem moderna de três maneiras. O escritor precisará escolher uma delas; e a terceira, que foi adotada aqui, é sob certos aspectos a mais difícil. Ou, pelo menos, seria a mais difícil não fossem as outras duas impossíveis.

Na primeira alternativa, o escritor teria de lidar com esse homem notável e maravilhoso como uma figura da história secular e como um modelo de virtudes sociais. Teria de descrever esse divino demagogo como sendo, e provavelmente foi, o primeiro democrata absolutamente sincero do mundo. Poderia dizer (o que significa muito pouco) que São Francisco estava à frente de seu tempo. Afirmar (o que é a pura verdade) que São Francisco antecipou tudo o que há de mais liberal e solidário no espírito moderno: o amor pela natureza, o amor pelos animais, o sentido da compaixão social, a noção dos perigos espirituais da prosperidade e mesmo da propriedade. Todas aquelas coisas que ninguém entendia antes de Wordsworth[1] eram familiares a São Francisco. Todas aquelas que foram reveladas pela primeira vez por Tolstói eram aceitas com naturalidade por São Francisco. Ele poderia ser apresentado não apenas como um herói humano, mas como um herói humanitário; na verdade, como o primeiro herói do humanismo. Ele tem sido descrito como uma espécie de estrela da manhã do Renascimento. E, em face de todas essas coisas, sua teologia ascética é às vezes ignorada ou posta de lado como um acidente contemporâneo, um acidente que por sorte não foi fatal. Sua religião é muitas vezes encarada como superstição, mas uma superstição inevitável, da qual nem mesmo gênios poderiam se livrar inteiramente; e sob esta luz considera-se injusto condenar São Francisco por sua autonegação ou repreendê-lo por sua castidade. É bem verdade que, mesmo a partir desse ponto de vista tão distanciado, sua estatura ainda pareceria heroica. Ainda haveria muito a dizer sobre o homem que tentou pôr fim às Cruzadas falando com os sarracenos ou que intercedeu junto ao imperador em favor dos pássaros. O escritor poderia descrever com um espírito puramente histórico toda a grande inspiração franciscana que pode ser sentida na pintura de Giotto, na poesia de Dante, nas encenações de milagres que permitiram o surgimento do teatro moderno, e em muitas outras coisas que já são valorizadas pela cultura moderna. Poderia tentar fazê-lo, como outros já fizeram, sem levantar praticamente nenhuma questão religiosa. Em resumo, poderia tentar contar a história de um santo sem Deus; o que é como pedir a alguém para contar a história de Nansen[2] e *proibir* menções ao Polo Norte.

1 William Wordsworth (1770-1850), importante poeta romântico inglês. (N.E.)

2 Fridtjof Nansen (1861-1930), célebre explorador polar norueguês, foi embaixador da Noruega em Londres e ganhador do Prêmio Nobel da Paz em 1922. (N.T.)

Como segunda alternativa, o escritor poderia partir ao extremo oposto e decidir ser abertamente devocional, por assim dizer. Faria do entusiasmo teológico sua temática, tão inequivocamente como o era para os primeiros franciscanos. Tornaria a religião a coisa mais importante, como o foi para o Francisco de Assis real. Descobriria um prazer sóbrio, digamos assim, em fazer desfilar os paradoxos do ascetismo e todo o sagrado rebuliço criado pela humildade. Ilustraria a história toda com os estigmas, registraria os jejuns do santo como lutas contra um dragão, até que na confusa mente moderna São Francisco virasse uma figura tão sombria como São Domingos. Em resumo, poderia produzir o que muitos em nosso mundo encarariam como uma espécie de negativo fotográfico, o reverso de todas as luzes e sombras; o que os desavisados achariam tão impenetrável como a escuridão e que mesmo boa parte das pessoas sensatas acharia quase tão invisível como algo escrito com tinta prateada sobre branco. Tal estudo sobre São Francisco seria ininteligível para qualquer um que não compartilhasse de sua religião, e talvez só parcialmente inteligível para alguém que não partilhasse de sua vocação. Dependendo do enfoque, seria encarado como algo ruim demais ou bom demais para o mundo. A única dificuldade de fazer a coisa desse jeito é que não é possível fazê-la assim. Na realidade, seria necessário um santo para escrever a vida de um santo. No presente caso, as objeções a tal procedimento são insuperáveis.

Como terceira alternativa, o escritor poderia fazer o que tentei aqui; e, como já sugeri, o procedimento tem seus problemas peculiares. Poder-se-ia colocar na condição de um observador e inquiridor moderno comum; condição que ainda é, em grande medida, e outrora foi inteiramente, a do presente escritor. Partir do ponto de vista de um homem que já admira São Francisco, mas apenas por aquelas coisas que tal homem julga admiráveis. Em outras palavras, poderia assumir que o leitor é pelo menos tão esclarecido como Renan ou Matthew Arnold[3]; mas à luz desse esclarecimento, tentaria iluminar o que Renan e Matthew Arnold deixaram obscuro. Tentaria usar o que foi compreendido para explicar o que não o foi. Poderia dizer ao leitor moderno: "Aqui está um personagem histórico que já é confessadamente atraente para muitos de nós, por seu encanto, sua imaginação romântica, sua cortesia espiritual e sua camaradagem, mas que também apresenta elementos (igualmente sinceros e empáticos, é claro) que parecem a você totalmente distantes e repulsivos. Mas, afinal de contas, esse homem era um homem e não meia dúzia de homens. Aquilo que pode parecer inconsistência não era visto assim por ele. Vamos tentar entender, com a ajuda da compreensão existente, essas outras coisas que parecem agora ser duplamente obscuras, por sua obscuridade intrínseca e por seu contraste irônico".

Não quero dizer, é claro, que eu seja capaz de alcançar de fato tal perfeição psicológica neste esboço bruto e breve. O que quero dizer é que esta é a única condição controversa que devo assumir aqui: que estou lidando com o observador simpático. Não devo pressupor uma concordância nem maior nem menor do que essa. Um materialista não se importará se as inconsistências forem reconciliadas ou não. Um católico poderá não ver quaisquer inconsistências. Mas aqui estou me dirigindo ao homem moderno comum, simpático mas cético, e só me resta ter a vaga esperança de que, ao abordar a história desse grande santo por meio do que existe de evidentemente pitoresco e popular a seu respeito, eu possa pelo menos fazer o leitor compreender melhor a coerência de toda uma individualidade; que ao abordá-la desse modo, possamos ao menos vislumbrar por que o poeta que louvava seu Senhor, o Sol, costumava esconder-se

3 Joseph Ernest Renan (1823-1892), filósofo e historiador francês, e Matthew Arnold (1822-1888), poeta e crítico inglês, tinham uma postura mais cética em relação ao mistério e ao sobrenatural no Cristianismo. (N.E.)

em uma caverna escura, por que o santo tão gentil com seu Irmão, o Lobo, era tão severo com seu Irmão, o Asno (como ele apelidou o próprio corpo), por que o trovador que afirmava que o amor incendiara seu coração isolava-se das mulheres, por que o cantor que exultava com a força e o esplendor do fogo rolava deliberadamente na neve, por que o próprio canto que clama com toda a paixão de um pagão "Louvado seja Deus por nossa Irmã, a Mãe Terra, que produz frutos variados e relva e flores fulgurantes" quase termina com as palavras "Louvado seja Deus por nossa Irmã, a morte do corpo".

Renan e Matthew Arnold falharam redondamente nesse teste. Eles se contentaram em acompanhar Francisco com elogios até serem barrados por seus próprios preconceitos; os teimosos preconceitos dos céticos. No momento em que Francisco começou a fazer algo que eles não entendiam ou que não era do seu agrado, não tentaram entender, e menos ainda gostar; simplesmente viraram as costas para a coisa toda e "não caminharam mais junto a ele". Nenhum homem pode avançar na trilha da investigação histórica desse jeito. Esses céticos são, na realidade, levados a abandonar o assunto todo por desespero, a deixar o mais simples e sincero de todos os personagens históricos como uma massa de contradições, enaltecido apenas segundo o princípio do ovo do padre[4]. Arnold refere-se ao ascetismo do Alverne[5] quase às pressas, como se fosse uma mancha infeliz mas inegável na beleza da história; ou então como um lamentável acidente e anticlímax no final dela. Bem, isso é simplesmente estar muito cego ao propósito principal de

4 No original, *the principle of the curate's egg*, expressão que se difundiu provavelmente a partir de um cartum da revista inglesa *Punch*, de 1895, no qual um padre muito tímido, tomando café da manhã com um bispo, ao ser-lhe servido um ovo cozido rançoso comenta apenas que "algumas partes do ovo estão excelentes". (N. T.)

5 Local de um santuário na Itália, erguido onde São Francisco teria recebido os estigmas. (N.E.)

qualquer relato. Representar o Monte Alverne como uma mera fraqueza de Francisco é exatamente como representar o Monte Calvário como uma mera fraqueza de Cristo. Essas montanhas são montanhas, não importa o que mais possam ser, e é um contrassenso dizer (como a Rainha de Copas) que são concavidades invertidas ou buracos negativos na terra. Tiveram de modo bem manifesto a intenção de ser culminações e marcos. Tratar os estigmas como uma espécie de escândalo, a ser mencionado com ternura, mas com comiseração, é o mesmo que tratar as cinco chagas originais de Jesus Cristo como cinco manchas no Seu caráter. Você pode não gostar da ideia de ascetismo; pode não gostar igualmente da ideia de martírio; nesse sentido, pode ter uma aversão honesta e natural por toda a concepção de sacrifício simbolizada pela cruz. Mas se se tratar de uma aversão inteligente, você ainda manterá a capacidade de enxergar o propósito de uma história; a história de um mártir ou mesmo a história de um monge. Não será racionalmente capaz de ler o Evangelho e encarar a crucificação como uma questão secundária ou um anticlímax ou acidente na vida do Cristo; trata-se obviamente do propósito da história, do seu gume cortante, como o gume de uma espada, a espada que perfurou o coração da Mãe de Deus.

E não será racionalmente capaz de ler a história de um homem apresentado como o Espelho de Cristo sem compreender sua fase final como um Homem das Lamentações, e pelo menos artisticamente apreciar a adequação de ele ter recebido, em meio a uma nuvem de mistério e isolamento, e sem terem sido infligidas por nenhuma mão humana, as perpétuas feridas abertas que curam o mundo.

Quanto à conciliação prática entre a alegria e a austeridade, devo deixar a própria história sugeri-la. Mas já que mencionei Matthew Arnold e Renan e os admiradores racionalistas de São Francisco, darei a tais leitores aqui a pista do que me parece mais recomendável que tenham em mente. Esses destacados escritores empacaram em coisas como os estigmas porque para eles uma religião era uma filosofia. Era uma coisa impessoal; mas nesse caso somente a paixão mais pessoal é que provê um paralelo terreno aproximado. Um homem não irá rolar na neve por uma propensão pela qual todas as coisas cumpram sua lei natural. Ele não se privará de alimento em nome de algo, e não alguém, que contribua para sua retidão. Ele fará coisas como essas, ou bem similares, sob um impulso totalmente diferente. Fará tais coisas por estar apaixonado.

A primeira questão a compreender sobre São Francisco está contido no fato com o qual sua história começa; ao afirmar desde o início que era um trovador, e afirmar mais tarde que era um trovador de um romance novo e mais nobre, ele não estava empregando uma simples metáfora, e sim compreendendo a si mesmo muito melhor do que os seus estudiosos o compreendem. Ele foi, até as últimas agonias do ascetismo, um trovador. Foi um amante. Um amante de Deus e um amante dos homens, de modo real e verdadeiro; possivelmente uma vocação mística das mais incomuns.

Um amante dos homens é quase o oposto de um filantropo; de fato, o pedantismo do termo grego encerra algo de sátira. Poder-se-ia dizer que um filantropo ama antropoides. Mas como São Francisco não ama a humanidade e sim os homens, então ele não ama o Cristianismo, mas o Cristo. Digamos, caso você pense assim, que ele era um lunático que amava uma pessoa imaginária; mas uma pessoa imaginária, não uma ideia imaginária. E para o leitor moderno a chave do ascetismo e de todo o resto pode ser encontrada de preferência naquelas histórias de amantes em que eles se parecem mais com lunáticos.

Conte-a como uma história de trovadores, com as maluquices todas que eles eram capazes de fazer por sua amada senhora, e toda a confusão moderna desaparece. Em um romance assim, não há contradição entre o poeta colher flores ao sol e suportar uma vigília no rigoroso frio da neve, entre louvar toda a beleza terrena e corpórea e depois recusar alimento, entre glorificar ouro e púrpura e andar vestido aberrantemente em farrapos, entre exibir ao mesmo tempo um patético anseio por uma vida feliz e uma sede por uma morte heroica. Todas essas charadas resolvem-se facilmente na simplicidade de qualquer amor nobre; só que este era um amor tão nobre que nove entre dez homens sequer ouviram falar dele.

Veremos adiante que esse paralelo do amor terreno tem uma relação muito prática com os problemas da vida de São Francisco, e também com o relacionamento com o pai e com amigos e familiares. O leitor moderno irá quase sempre descobrir que, se ele só consegue achar real esse tipo de amor, irá talvez sentir esse tipo de extravagância como algo romanesco. Mas só ressaltei isso aqui como ponto preliminar porque, embora ele esteja muito distante de ser a verdade final sobre o assunto, é sua melhor abordagem. O leitor só consegue começar a ver o sentido de uma história que talvez lhe pareça muito maluca quando compreende que, para este grande místico, sua religião não era como uma teoria, mas algo similar a um caso de amor. E o único propósito desse capítulo introdutório é explicar os limites do presente livro, que é dirigido apenas àquela parte do mundo moderno que encontra em São Francisco certa dificuldade moderna; que consegue admirá-lo, mas dificilmente o aceita, ou que pode valorizar o santo quase que sem a santidade. E minha única alegação até mesmo para tentar tal tarefa é que eu mesmo estive por muito tempo em estágios diversos de uma condição como esta.

Milhares de coisas que agora eu compreendo em parte eram para mim totalmente incompreensíveis, muitas coisas que agora considero sagradas eu as refutei como pura superstição, muitas coisas que, vendo-as agora de dentro, me parecem lúcidas e esclarecidas, eu honestamente considerava, vendo-as de fora, como obscuras e bárbaras, naqueles dias longínquos de juventude, quando minha fantasia se incendiou pela primeira vez com a glória de São Francisco de Assis.

Eu também vivi na Arcádia; mas na própria Arcádia encontrei alguém andando de hábito marrom que amou os bosques melhor do que Pã. A figura de hábito marrom está lá, em cima da lareira do quarto onde eu escrevo, e mesmo solitário entre muitas outras dessas imagens, em nenhum ponto da minha peregrinação jamais me pareceu um estranho. Existe certa harmonia entre a lareira e a luz do fogo e meu primeiro prazer com suas palavras a respeito de seu irmão fogo; pois ele está lá, suficientemente distante na minha memória para se misturar com todos aqueles sonhos mais domésticos dos primeiros dias. Mesmo as fantásticas sombras criadas pelo fogo compõem uma espécie de teatro de sombras que me remete ao meu quarto de criança; contudo as sombras eram mesmo então as sombras de seus animais e pássaros favoritos, como ele os via, grotescos, mas aureolados com o amor de Deus. Seu Irmão Lobo e seu Irmão Carneiro eram então quase parecidos com o Irmão Raposa e o Coelho Quincas de um Tio Remus mais cristão. Aos poucos passei a ver muitos e mais maravilhosos aspectos desse homem, mas nunca perdi esse aspecto de vista. Sua figura é como uma espécie de ponte que liga meus anos de meninice e minha conversão a muitas outras coisas; pois o romance de sua religião penetrou até mesmo o racionalismo daquela nebulosa época vitoriana. Porque tive essa experiência, posso ser capaz de conduzir outras pessoas um pouco adiante na estrada; mesmo que seja só um pouco. Ninguém sabe melhor do que eu agora que se trata de uma estrada na qual anjos podem sentir medo de avançar; mas como tenho ciência do possível fracasso, não sou dominado de modo algum pelo medo, pois ele suportou os insensatos[6] com alegria.

6 Referência à frase de São Paulo em Coríntios 2, 11;19. (N.T.)

Capítulo II
O mundo que São Francisco encontrou

A inovação moderna que substituiu a história pelo jornalismo, ou por aquela tradição que são as fofocas da história, teve pelo menos um efeito definido. Assegurou que todo mundo hoje só tem necessidade de conhecer o desfecho de uma história. Os jornalistas habituaram-se a imprimir sobre os últimos capítulos de seus relatos seriados (quando o herói e a heroína estão a ponto de se abraçar no último capítulo, já que apenas uma insondável perversidade evita que o façam no primeiro) as palavras bastante desconcertantes: "Você pode começar esta história aqui". Mas mesmo isso não é um paralelismo perfeito; pois os jornais chegam a dar uma espécie de resumo da história, só que ele nunca é, nem remotamente, parecido com um resumo da história. Os jornais não lidam apenas com notícias inéditas: lidam com tudo como se fossem notícias inéditas.

Tutancâmon, por exemplo, foi apresentado como uma grande novidade. É exatamente do mesmo modo que lemos que o almirante Bangs foi baleado, e com isso ficamos sabendo pela primeira vez que ele existiu. Há algo singularmente significativo no uso que o jornalismo faz das biografias. Um jornal só pensa em publicar a vida de alguém quando tem que publicar sua morte. E do mesmo jeito que lida com indivíduos, lida também com instituições e ideias.

Após a Grande Guerra, nosso público começou a ser informado de que nações de todo tipo estavam sendo emancipadas, sem que antes tivesse lido uma linha sequer sobre sua escravização. Foi-nos pedida uma avaliação quanto à justiça dos acordos, sendo que nunca nos foi permitido saber da própria existência dos conflitos. As pessoas acham pedante comentar sobre os épicos sérvios e preferem falar, na linguagem moderna e direta do cotidiano, sobre a nova diplomacia internacional iugoslava; e ficam muito emocionadas com algo que chamam de Tchecoslováquia sem nunca, ao que parece, terem ouvido falar da Boêmia. Coisas tão velhas como a Europa são vistas como mais recentes do que as bem posteriores proclamações feitas nas pradarias da América. Tudo fica muito emocionante; como se fosse o último ato de uma peça para aquelas pessoas que só entram no teatro pouco antes de baixar-se a cortina.

Mas isso não as leva exatamente a saber do que se tratava. Para aqueles que se contentam com o disparo de um revólver ou com um abraço apaixonado, uma maneira preguiçosa como essa de frequentar o teatro pode ser recomendável. Para aqueles que se afligem com uma curiosidade meramente intelectual a respeito de quem está beijando quem ou matando quem, e por quê, isso é insatisfatório.

A maior parte da história moderna, especialmente na Inglaterra, padece da mesma imperfeição do jornalismo. Quando muito, conta apenas metade da história do Cristianismo; e a da segunda metade, sem a primeira. Esses homens, para os quais a razão teve início com o Renascimento, para os quais a religião começou com a Reforma, nunca podem dar um relato completo de nada. Pois têm que partir de instituições cuja origem não sabem explicar, ou que na maioria das vezes sequer conseguem imaginar. Do mesmo modo que somos informados de quc o almirante foi baleado sem jamais termos tido conhecimento de que existia, também ficamos sabendo bastante a respeito da dissolução dos mosteiros, sem ter ouvido quase nada sobre sua criação. Bem, esse tipo de história seria tristemente insuficiente até mesmo para um homem inteligente que odiasse os mosteiros. E é tristemente insuficiente em relação a instituições que muitos homens inteligentes odeiam de fato e com base em um espírito bastante saudável. Por exemplo, é possível que alguns de nós tenhamos, vez por outra, visto alguma menção, feita por nossos versados redatores de manchetes, a uma obscura instituição chamada Inquisição Espanhola.

Bem, ela de fato é uma instituição obscura, segundo eles e as histórias que leram. É obscura porque sua origem é obscura. A história protestante simplesmente começa com esta coisa terrível implementada, assim como a pantomima começa com o rei demônio na cozinha dos duendes. É bem provável que fosse, especialmente no seu final, uma coisa horrível, assombrada por demônios; mas dizemos que era assim sem ter qualquer noção de por que era assim. Para entender a Inquisição Espanhola seria preciso descobrir duas coisas com as quais nunca sonhamos em nos preocupar: o que era a Espanha e o que era a Inquisição. A primeira levantaria toda a grande questão da cruzada contra os mouros; e por meio de que heroica gesta de ordens de cavalaria uma nação europeia se libertou de uma dominação estrangeira vinda da África. A segunda questão poria em cena o assunto todo da outra cruzada, contra os albigenses, e de por que os homens amaram e odiaram aquela visão niilista trazida da Ásia. A não ser que entendamos que havia nessas coisas, originalmente, o ímpeto e o aspecto romanesco de uma cruzada, não seremos capazes de entender como vieram a iludir homens ou arrastá-los em direção ao mal.

Os cruzados sem dúvida abusaram de sua vitória, mas havia uma vitória para se abusar dela. E onde há vitória há também coragem no campo de batalha e popularidade na praça da cidade. Há uma espécie de entusiasmo que estimula os excessos ou acoberta as faltas. Eu, por exemplo, sempre apontei a responsabilidade dos ingleses pelas atrocidades contra os irlandeses. Mas seria muito injusto com os ingleses descrever até mesmo as crueldades de 98[7] deixando de fora toda e qualquer menção à guerra contra Napoleão. Seria injusto sugerir que a mente inglesa estava voltada apenas para conseguir a morte de Emmet[8], quando é mais provável que estivesse repleta da glória da morte de Nelson[9]. Infelizmente, 98 estava bem longe de ser a última data de um trabalho ignóbil como esse; e apenas alguns anos antes nossos políticos haviam começado a tentar governar por meio de roubos e assassinatos indiscriminados, ao mesmo tempo em que protestavam educadamente contra as menções que os irlandeses faziam àquelas antigas questões e batalhas funestas.

Mas por pior que seja nossa visão dos Black-and-Tan, seria injusto esquecer que a maioria de nós não estava pensando na Black-and-Tan, mas na cáqui[10]; e que o cáqui tinha então uma conotação nacional nobre que englobava várias coisas. Escrever sobre a guerra na Irlanda e deixar de fora a guerra contra a Prússia, e a sinceridade inglesa em relação a ela, seria injusto com os ingleses. Da mesma forma, falar

7 Referência à rebelião irlandesa contra o domínio inglês de 1798, influenciada pelas Revoluções Francesa e Americana. (N.E.)

8 Robert Emmet (1778-1803), nacionalista e republicano irlandês, foi líder da rebelião de 1803 contra os ingleses, que culminou na sua captura e execução. (N.T.)

9 Horatio Nelson (1758-1805), almirante da Marinha Real Britânica, notório por sua participação nas Guerras Napoleônicas, em especial na vitoriosa Batalha de Trafalgar, contra um combinado das marinhas francesa e espanhola, na qual foi morto. Figura emblemática da história inglesa,é homenageado pela Coluna Nelson, na Trafalgar Square de Londres. (N.E.)

10 Referência às cores das duas unidades paramilitares inglesas encarregadas de reprimir as rebeliões na Irlanda: os Black and Tan [preto e canela], notórios por seus numerosos ataques à população civil irlandesa, e os Auxiliaries, composta por veteranos da Primeira Guerra Mundial, que aproveitavam os uniformes de cor cáqui do exército convencional. (N.T.)

sobre a máquina de tortura da Inquisição como se tivesse sido apenas um abominável brinquedo é injusto com os espanhóis. Não seria dessa maneira que estaríamos contando sensatamente, desde o início, a história do que a Espanha fez, e por quê. Podemos conceder aos nossos contemporâneos que, de fato, não se trata de uma história que termine bem. Não estamos insistindo que, na versão deles, ela deveria ter tido um bom começo. Nossa queixa é que na sua versão ela sequer tem um começo. Eles estão presentes apenas na morte; e, como lorde Tom Noddy[11], chegam tarde demais até para o momento de colocar a corda no pescoço. É bem verdade que a Inquisição algumas vezes foi mais terrível do que qualquer enforcamento; mas eles apenas recolhem, por assim dizer, as cinzas das cinzas; a última lenha do feixe usado para a fogueira.

O caso da Inquisição foi aqui tomado fortuitamente, pois é um dos muitos que ilustram a mesma coisa; e não porque esteja especialmente relacionado com São Francisco, seja qual for o sentido em que a Inquisição tenha sido relacionada com São Domingos. De fato, pode-se muito bem sugerir, como faremos adiante, que São Francisco somente será inteligível se de fato compreendermos algo do que o século XIII entendia por heresia e cruzada. Mas no momento uso a Inquisição como um exemplo menor para um propósito bem mais amplo – o de assinalar que começar a história de São Francisco por seu nascimento seria perder todo o essencial da história, ou melhor, nem chegar a contá-la. E sugerir também que esse tipo moderno de história jornalística, que põe o final como a coisa mais importante, sempre será enganoso. Fica-se sabendo de reformadores sem ter noção do que eles têm que reformar, de rebeldes sem saber contra o que se rebelaram, de memoriais que não estão ligados a qualquer memória e de restaurações de

11 Personagem da comédia musical *Lord Tom Noddy* (1896), escrita pelo inglês George Dance (1857–1932). (N.E.)

coisas que parecem nunca ter existido. Mesmo à custa de que este capítulo se afigure desproporcional, é preciso dizer algo sobre os grandes movimentos que levaram ao surgimento do fundador dos franciscanos. Pode parecer que a intenção seja descrever um mundo, ou mesmo um universo, a fim de poder descrever um homem. E inevitavelmente isso significa que o mundo ou o universo serão descritos com algumas desesperadas generalizações, com umas poucas sentenças abruptas. Mas ao contrário de nos levar a ver sua figura como algo extremamente diminuto sob um céu muito vasto, significa que temos que medir o céu antes de poder avaliar a elevadíssima estatura do homem.

E esta frase isolada conduz-me às primeiras sugestões que parecem necessárias antes de um esboço mesmo que pequeno da vida de São Francisco. É preciso compreender, ainda que de modo tosco e elementar, em que tipo de mundo São Francisco entrou e qual tem sido a história desse mundo, pelo menos na medida em que ele o afetou. Temos que dispor, mesmo em poucas sentenças, de uma espécie de prefácio na forma de um esboço da história, para tomar emprestada a expressão de Wells[12]. No caso do próprio Wells, é evidente que o destacado romancista sofreu a mesma desvantagem que teria se tivesse sido obrigado a escrever um romance cujo herói odiasse. Escrever sobre história e odiar Roma, tanto a pagã como a papal, é praticamente odiar quase tudo o que aconteceu. É muito próximo de odiar a humanidade por razões puramente humanitárias. Desgostar tanto do sacerdote como do soldado, tanto dos louros do guerreiro como dos lírios do santo é sofrer uma separação da massa da humanidade que nem mesmo todas as habilidades da melhor e mais flexível das inteligências

12 Herbert George Wells (1866–1946), escritor inglês, famoso especialmente por seus escritos de ficção científica (como *A ilha do Dr. Moreau*, *A guerra dos mundos* e *O homem invisível)*, era também ensaísta politico e social. Com tendências socialistas e pacifistas, era amigo próximo de Chesterton. (N.E.)

modernas seriam capazes de compensar. Exige-se uma simpatia bem maior pelo cenário histórico de São Francisco, que foi tanto soldado como santo. Assim, concluirei este capítulo com algumas generalizações sobre o mundo que São Francisco encontrou.

Os homens não creem porque não alargam sua visão. Por se tratar de uma questão de crença pessoal, devo, é claro, expressá-la dizendo que eles não são suficientemente universais para serem católicos. No entanto, não vou discutir aqui as verdades doutrinárias do Cristianismo, mas simplesmente o fato histórico mais amplo do Cristianismo, como deve afigurar-se a uma pessoa realmente esclarecida e imaginativa, mesmo que não seja um cristão. O que quero dizer aqui é que a maioria das dúvidas é feita de detalhes. No decorrer de leituras aleatórias, um homem depara com um costume pagão que o impressiona como pitoresco ou com uma ação cristã que o impressiona como cruel; mas ele não amplia sua mente o suficiente para ver a verdade principal sobre o costume pagão ou sobre a reação cristã a esse costume. Enquanto não entendermos esse progresso pagão e essa reação cristã, não necessariamente em detalhe, mas na sua grande magnitude e proporção, não poderemos entender, de fato, a essência da história dentro da qual São Francisco aparece e nem o sentido de sua grande missão popular.

Atualmente todos sabem, imagino, que os séculos XII e XIII foram um despertar do mundo. Foram um novo florescimento da cultura e das artes criativas após um longo período de uma experiência bem mais severa e até mais estéril, a chamada Idade das Trevas. Podem ser considerados uma emancipação; foram com certeza um final; um final daquilo que pode parecer, no mínimo, uma época mais dura e desumana. Mas o que foi que se encerrou? Do que os homens se emanciparam? O que houve foi uma real colisão e uma divergência entre diferentes filosofias da história. Do lado meramente exterior e secular, já se afirmou com razão que o homem despertou de um sono; mas houve sonhos neste sono, e de uma natureza mística e às vezes monstruosa. Na rotina racionalista em que a maioria dos historiadores modernos tem caído, considera-se suficiente dizer que o homem foi emancipado da superstição bárbara e que avançou em direção a um esclarecimento civilizado. Bem, esta é a grande asneira que se coloca como obstáculo já no início da nossa história. Qualquer um que ache que a Idade das Trevas era feita de puro obscurantismo e nada mais, e que o alvorecer do século XIII foi de pura luz do sol e nada mais, não será capaz de saber sequer do que se trata a história humana de São Francisco de Assis. A verdade é que o arrebatamento de São Francisco e de seus Menestréis de Deus não era apenas um despertar. Era algo que não pode ser entendido se não compreendermos seu credo místico. O fim da Idade das Trevas não foi apenas o fim de um sono. E com certeza não foi só o fim de uma escravidão supersticiosa. Foi o fim de algo pertencente a uma ordem de ideias bem definida, mas bem diferente.

Foi o fim de uma penitência; ou, se preferirmos, de uma purgação. Marcou o momento em que uma determinada expiação espiritual foi finalmente concluída e certas doenças espirituais foram por fim extirpadas do sistema. E extirpadas por uma era de ascetismo, a única coisa que poderia ser capaz de extirpá-las. O Cristianismo entrou no mundo para curá-lo; e curou o mundo da única maneira pela qual ele podia ser curado.

Visto de modo meramente externo e experimental, o conjunto da alta civilização da antiguidade acabava de aprender uma determinada lição; ou seja, sua conversão ao Cristianismo. Mas essa lição era um fato psicológico, tanto quanto uma fé teológica. Esta civilização pagã havia sido na verdade uma alta civilização. Não irá enfraquecer nossa tese – e talvez até a reforce – dizer que foi o mais elevado que a humanidade já havia alcançado. A civilização pagã descobriu uma arte poética e uma representação plástica até então insuperáveis; descobriu ideais políticos próprios, permanentes; descobriu seu sistema claro de lógica e linguagem. Descobriu, sobretudo, seu próprio erro.

Esse erro era profundo demais para ser idealmente definido; de modo caligráfico, poderíamos chamá-lo de adoração da natureza. Poderíamos nos referir a ele, quase com a mesma verdade, como o erro de ser natural; e tratou-se de um erro muito natural. Os gregos, os grandes guias e pioneiros da antiguidade pagã, partiram da ideia de algo esplendidamente óbvio e direto; a ideia de que se o homem trilhasse de modo resoluto a estrada principal da razão e da natureza, poderia seguir adiante sem dano nenhum; ainda mais se fosse, como eram os gregos, eminentemente esclarecido e inteligente.

Poderíamos ser irreverentes a ponto de dizer que o homem tinha apenas que seguir seu próprio nariz, desde que fosse um nariz grego. O caso dos gregos já é suficiente para ilustrar a estranha mas incontestável fatalidade que acompanha esta falácia. Nem bem os gregos começaram a ir atrás de seus narizes e de sua própria noção de serem naturais e a coisa mais estranha da história parece ter acontecido com eles. Foi estranha demais para ser um assunto fácil de discutir.

Deve-se ressaltar que nossos mais repulsivos realistas nunca nos concedem o benefício de seu realismo. Seus estudos de assuntos desagradáveis nunca consideram o testemunho que tais assuntos nos dão das verdades de uma moralidade tradicional. Mas se tivéssemos gosto por essas coisas, poderíamos citar milhares delas como parte da argumentação em favor da moral cristã. E um exemplo disso pode ser encontrado no fato de ninguém ter escrito, nesse sentido, uma história realmente moral dos gregos. Ninguém viu a dimensão ou a estranheza dessa história. Os homens mais sábios do mundo decidiram ser naturais; e a primeira coisa que fizeram foi a coisa menos natural do mundo. O efeito imediato de saudar o sol e a ensolarada sanidade da natureza foi uma perversão que se espalhou como uma peste. Os maiores e mesmo os mais puros filósofos não conseguiram, ao que parece, evitar essa espécie vulgar de demência. Por quê?

Seria algo aparentemente muito simples para aquelas pessoas, cujos poetas haviam concebido Helena de Troia, cujos escultores haviam esculpido a Vênus de Milo, isso para ficarmos saudavelmente dentro do assunto. A verdade é que as pessoas que adoram a saúde não conseguem permanecer saudáveis. Quando o homem segue muito reto ele acaba tendo que se desviar. Quando segue seu nariz, arruma um jeito de colocá-lo fora de alinhamento para desfigurar seu rosto; e isso de acordo com algo mais profundo na natureza humana do que os adoradores da natureza jamais poderiam compreender. A descoberta dessa coisa mais profunda, humanamente falando, constituiu a conversão ao Cristianismo. Existe um desvio no homem, como o desvio da bola de boliche; e a Cristandade foi a descoberta de como corrigir esse desvio e, portanto, acertar o alvo. Muitos vão sorrir diante dessa afirmação; mas é muito verdadeiro dizer que a boa notícia trazida pelo Evangelho foi a notícia do pecado original.

Roma ergueu-se às custas de seus mestres gregos, em grande parte porque não consentiu totalmente que lhe ensinassem esses truques. Tinha uma tradição doméstica muito mais decente, mas em última análise sofreu da mesma falácia em sua tradição religiosa, que foi, e não necessariamente em menor grau, a tradição pagã da adoração da natureza. O problema de toda a civilização pagã foi que não havia nada na via do misticismo para a massa de homens, exceto aquilo que dizia respeito ao mistério das forças inomináveis da natureza, como o sexo, o crescimento e a morte.

No Império Romano também, muito antes de seu fim, vemos a adoração da natureza produzindo de modo inevitável coisas que são contra a natureza. Casos como o de Nero tornaram-se proverbiais, quando o sadismo sentou-se em um trono com todo o descaramento, em plena luz do dia. Mas a verdade à qual me refiro é algo muito mais sutil e universal do que um catálogo convencional de atrocidades. O que aconteceu com a imaginação humana, como um todo, foi que o mundo inteiro ficou colorido por paixões perigosas e em rápida deterioração; por paixões naturais que se transformavam em paixões não naturais. Assim, o efeito de se tratar o sexo apenas como uma coisa natural, inocente, foi que todas as demais coisas naturais, inocentes, ficaram embebidas e encharcadas de sexo. O sexo não pode ser colocado em simples equivalência com emoções ou experiências elementares, como comer e dormir. No momento em que o sexo deixa de ser um servo, ele se torna um tirano. Há algo de perigoso e desproporcional no lugar que ele ocupa na natureza humana, seja qual for a razão disso; e ele de fato requer purificação e dedicação especiais. A conversa moderna sobre o sexo ser livre como qualquer outro sentido, a respeito de o corpo ser belo como qualquer árvore ou flor, é ou uma descrição do Jardim do Éden ou um exemplo de psicologia flagrantemente ruim, da qual o mundo se saturou há dois mil anos.

Isso não deve ser confundido com mero sensacionalismo hipócrita a respeito da perversidade do mundo pagão. Não é tanto que o mundo pagão fosse perverso, mas sim que ele era bom o suficiente para perceber que seu paganismo estava se tornando perverso ou estava na via lógica de se tornar perverso. O que quero dizer é que não havia futuro para a "magia natural"; aprofundá-la era simplesmente escurecê-la e torná-la magia negra. Não havia futuro para ela, porque no passado ela só fora inocente por ser jovem. Podemos dizer que só havia sido inocente porque era superficial. Os pagãos eram mais sábios do que o paganismo, e é por isso que os pagãos se tornaram cristãos. Milhares deles tinham filosofia e virtudes familiares e honra militar sobre as quais podiam se apoiar; mas por volta dessa época a coisa puramente popular chamada religião estava com certeza os emperrando.

Quando esta reação contra o mal encontra guarida, é legítimo supor que se trata de um mal espalhado por toda parte. Em outro sentido, mais literal, seu nome era Pã.

Não se trata de metáfora afirmar que essas pessoas precisavam de um novo céu e uma nova terra, pois haviam realmente poluído a própria terra e até mesmo o próprio céu. Como poderiam situar-se olhando para o céu, quando lendas eróticas estavam rabiscadas nas estrelas de lado a lado; como podiam aprender algo do amor pelos pássaros e flores depois do tipo de histórias de amor que lhes eram contadas? É impossível aqui neste espaço multiplicar evidências, e um pequeno exemplo deve dar conta do resto. Sabemos que tipo de associações sentimentais são em nós evocadas pela expressão "um jardim"; e como pensamos principalmente nas memórias de melancolia e de romances inocentes, ou quase com a mesma frequência em alguma graciosa donzela ou em um bondoso velho sacerdote passeando junto a uma cerca viva de teixos, tendo ao fundo a torre de uma igrejinha do interior. E então, vamos deixar alguém que conheça um pouco de poesia latina relembrar de repente o que havia antes no lugar de um relógio de sol ou de uma fonte, obsceno e monstruoso sob o sol; e de que tipo era o deus de seus jardins.

Nada poderia purificar essa obsessão a não ser uma religião que fosse literalmente não terrena. Não adiantaria dizer a tais pessoas que adotassem uma religião natural cheia de estrelas e flores; não havia uma flor ou mesmo uma estrela que não tivesse sido maculada. Elas precisavam ir até um deserto para não encontrar mais flores, ou até alguma caverna para não ver mais estrelas. Foi dentro desse deserto e dessa caverna que o mais alto intelecto humano se abrigou por cerca de quatro séculos; e foi de fato a coisa mais sábia que poderia ter feito. Nada exceto o absolutamente sobrenatural podia vir em sua salvação; se Deus não pudesse salvá-lo, certamente os deuses tampouco poderiam. A Igreja Primitiva chamava os deuses do paganismo de demônios;

e a Igreja Primitiva estava certa. Fosse qual fosse a religião natural que tivesse a ver com seus primórdios, nada, a não ser espíritos malignos, habitava agora aqueles santuários vazios. Pã não era outra coisa além de pânico. Vênus nada mais era do que depravação venérea. Não quero dizer de modo algum, é claro, que todos os indivíduos pagãos tivessem esse caráter, mesmo no final do paganismo; mas era enquanto indivíduos que eles diferiam disso.

Nada distingue o paganismo do cristianismo tão claramente quanto o fato de que o que se chama especificamente de filosofia tinha pouco ou nada a ver com a manifestação social chamada religião. De qualquer modo, não adiantava pregar religião natural a pessoas para as quais a natureza se tornara tão antinatural como qualquer religião. Elas sabiam muito melhor do que nós qual era o problema delas e que tipo de demônios as tentavam e atormentavam; e escreveram no grande espaço da história o texto: "Esta sina só nos abandonará por meio de oração e jejum".

Note-se que a importância histórica de São Francisco e da transição do século XII para o século XIII reside no fato de que marcaram o final dessa expiação. Os homens ao fim da Idade das Trevas podem ter sido rudes, iletrados e não esclarecidos em tudo exceto nas guerras contra tribos pagãs, mais bárbaras do que eles, mas eram puros. Eram como crianças; as primeiras manifestações de sua tosca arte expressam, todas elas, o puro prazer das crianças. Temos que concebê-los em toda a Europa vivendo sob pequenos governos locais, feudais na medida em que eram uma forma de sobrevivência às duras guerras contra os bárbaros, com frequência monásticos e com um caráter mais amistoso e paternal, levemente imperial à medida que Roma ainda governava como uma grande lenda. Mas na Itália sobrevivera algo mais típico do melhor espírito da antiguidade – a república. A Itália era pontuada por pequenos estados, em grande medida democráticos em seus ideais, e com frequência ocupados por cidadãos reais. Mas a cidade não mais ficava aberta como sob a paz romana, e sim enclausurada por altos muros, que eram sua defesa contra a guerra feudal, e todos os seus cidadãos tinham que ser soldados. Uma dessas cidades ficava em uma posição alta e impressionante nas colinas de bosques da Úmbria; seu nome era Assis. Do seu portão à sombra de suas altas torres iria chegar a mensagem que seria o evangelho daquele momento: "Se seu combate foi concluído, sua iniquidade está perdoada". Mas foi a partir desses fragmentos de feudalismo e liberdade e dos vestígios da Lei Romana que iria se erguer, no início do século XII, vasta e quase universal, a poderosa civilização da Idade Média.

Seria um exagero atribuí-la inteiramente à inspiração de um só homem, mesmo em se tratando do gênio mais original do século XIII. A ética elementar da fraternidade e da justiça nunca se extinguira por completo e o Cristianismo nunca deixara de ser cristão. Há grandes evidências de justiça e piedade mesmo nos registros monásticos mais rudimentares da transição bárbara ou nas mais rígidas máximas do declínio bizantino. E já nos primórdios dos séculos XI e XII um movimento moral mais amplo havia claramente tido início. Mas o que podemos afirmar de mais justo a respeito disso é que pairando sobre todos esses primeiros movimentos havia ainda algo daquela antiga austeridade que advinha do longo período de penitência. Era o crepúsculo da manhã, mas ainda um crepúsculo acinzentado. Isso pode ser ilustrado pela simples menção a duas ou três dessas reformas que antecederam a reforma franciscana. É claro que a própria instituição monástica era bem mais antiga do que todas essas coisas; na verdade, era quase tão velha quanto o Cristianismo. Suas recomendações de perfeição sempre haviam tomado a forma de votos de castidade e pobreza e obediência. Foi com esses objetivos não mundanos que muito tempo atrás havia civilizado grande parte do mundo. Foram monges que ensinaram as pessoas a arar e semear e também a ler e a escrever; na verdade, foram eles que ensinaram às pessoas quase tudo o que elas sabiam. Mas deve-se também lembrar que os monges eram severamente práticos, no sentido de serem não apenas práticos, mas também severos – embora fossem em geral severos consigo mesmos e práticos com as outras pessoas. Todo esse movimento monástico inicial assentara-se havia muito tempo e sem dúvida em muitos casos deteriorara-se; mas quando chegamos aos primeiros movimentos medievais esse caráter mais austero ainda é evidente. Três exemplos podem ser apresentados para ilustrar esse ponto.

Primeiro, o antigo modelo social da escravidão estava começando a se dissolver. Não só o escravo vinha se transformando no servo, que era praticamente livre no que se refere ao seu próprio lote e vida familiar, como muitos senhores de terras estavam libertando tanto os escravos quanto os servos. Isso se deu por pressão dos sacerdotes, mas foi feito especialmente dentro de um espírito de penitência. Em certo sentido, é claro, toda sociedade católica deve ter uma atmosfera de penitência; mas estou falando daquele espírito mais austero de penitência que havia expiado os excessos do paganismo. Era esse tipo de reparação que compunha a atmosfera do leito de morte; muitas dessas atitudes eram exemplos de arrependimento no leito de morte. Um ateu muito honesto com quem uma vez debati fez uso da expressão "Os homens só foram mantidos na escravidão por medo do inferno". Como assinalei para ele, se tivesse dito que os homens só foram libertados da escravidão por medo do inferno, estaria pelo menos se referindo a um fato histórico inquestionável.

Outro exemplo foi a abrangente reforma da disciplina da Igreja operada pelo papa Gregório VII. Foi de fato uma reforma, empreendida com as mais elevadas intenções e com resultados dos mais saudáveis; conduziu uma investigação minuciosa contra a simonia ou a corrupção financeira no clero; insistiu em um ideal mais rigoroso e de autossacrifício para a vida de um sacerdote paroquial. Mas o próprio fato de que isso tenha assumido quase sempre o sentido de tornar universal a obrigação do celibato tange a corda de algo que, embora nobre, parece a muitos vagamente negativo. O terceiro exemplo é em certo sentido o mais poderoso dos três. Porque o terceiro exemplo foi uma guerra; uma guerra heroica e para muitos de nós uma guerra santa; mas ainda assim algo com todas as duras e terríveis responsabilidades da guerra. Não há espaço aqui para dizer tudo o que deveria ser dito sobre a verdadeira natureza das Cruzadas. Todos sabem que, no momento mais sombrio da Idade das Trevas, uma espécie de heresia brotou na Arábia e se tornou uma nova religião de tipo militar embora nômade, invocando o nome de Maomé. Intrinsecamente, tinha um caráter encontrado em muitas heresias, da muçulmana à monista. Parecia aos heréticos uma saudável simplificação da religião; e aos católicos uma insana simplificação da religião, por reduzir tudo a uma única ideia e, portanto, perder a amplitude e o equilíbrio do Catolicismo. De qualquer modo, seu caráter objetivo era o de um perigo militar para o Cristianismo. E o Cristianismo atacou o seu cerne, ao partir para reconquistar os locais sagrados. O grande duque Godofredo e os primeiros cristãos que tomaram Jerusalém de assalto foram heróis, se é que houve heróis neste mundo; mas foram os heróis de uma tragédia.

Recorri a esses dois ou três exemplos de movimentos medievais iniciais a fim de apontar neles uma característica geral, que remete à penitência que se seguiu ao paganismo. Existe algo em todos esses movimentos que é abrangente, apesar de ser ainda sombrio, como um vento soprando entre as fendas das montanhas. Esse vento, austero e puro, do qual fala o poeta[13], é de fato o espírito do tempo, pois é o vento de um mundo que no mínimo foi purificado. Para quem quer que saiba apreciar atmosferas, há algo de claro e limpo na atmosfera desta sociedade bruta e com frequência

13 Referência a um verso de Robert Louis Stevenson, em *Songs of Travel*. (N.T.)

dura. Sua própria luxúria é limpa, pois não tem mais o aroma da perversão. Suas próprias crueldades são limpas; não são mais as crueldades exuberantes dos anfiteatros. Elas vêm ou de um horror muito simples à blasfêmia ou de uma fúria muito simples diante do insulto. Aos poucos, contra esse fundo cinza, a beleza começa a aparecer, como algo realmente fresco e delicado e, acima tudo, surpreendente. O amor que está de volta não é mais aquele que foi uma vez chamado de platônico, mas o que ainda é chamado de amor cavalheiresco. As flores e estrelas recuperaram sua inocência primordial. O fogo e a água são sentidos como merecedores de serem o irmão e a irmã de um santo. A purgação do paganismo foi por fim concluída.

Porque a própria água foi lavada. O fogo foi purificado como se o tivesse sido pelo próprio fogo. A água não é mais aquela água em que os escravos eram atirados para alimentar os peixes. O fogo não é mais aquele fogo em que as crianças eram sacrificadas a Moloch. As flores não têm mais o cheiro das guirlandas esquecidas recolhidas no jardim de Príapo; as estrelas não são mais signos da distante frigidez de deuses tão frios como aqueles fogos gélidos. É como se todas elas fossem coisas recém-criadas, aguardando novos nomes de alguém que deverá vir para nomeá-las. Agora nem o universo nem a terra têm mais o velho sinistro significado do mundo. Eles aguardam uma nova reconciliação com o homem, mas já são capazes de ser reconciliados. O homem desnudou sua alma dos últimos farrapos da adoração da natureza, e pode agora voltar à natureza.

Ainda no crepúsculo, uma figura aparecia silenciosa e repentina em uma pequena colina sobre a cidade, escura contra a escuridão em recesso. Pois tratava-se do fim de uma noite longa e austera, uma noite de vigília, mas que não deixou de ser visitada por estrelas. Ele se ergueu em pé com as mãos estendidas, como em tantas estátuas e imagens, e em volta dele havia um bando de pássaros cantando. Atrás dele brilhava a luz da manhã.

Capítulo III
Francisco, o combatente

Segundo uma história corrente, que se não for verdadeira nem por isso é menos característica, o próprio nome de São Francisco não era tanto um nome quanto um apelido. Haveria algo no seu jeito familiar e popular que teria motivado o apelido, do mesmo jeito que um aluno comum de escola é às vezes chamado, por exemplo, de "Francês". Segundo esta versão, seu nome não seria Francisco, mas João, e seus colegas o chamavam de "Francesco" ou de "Francesinho" por causa de sua paixão pela poesia francesa dos trovadores. A história mais provável é que a mãe, na ausência do pai, tivesse colocado o nome João quando ele nasceu. Logo depois, o pai retornou de uma viagem à França, e seu sucesso comercial o teria enchido de tanto entusiasmo pelo gosto e pelos costumes sociais dos franceses que ele deu ao filho o novo nome, que significava "o franco" ou "o francês". Em ambos os casos, o nome tem certa relevância, já que liga Francisco desde o início ao que ele mesmo considerava a romântica terra de sonhos dos trovadores.

O pai de Francisco, Pietro Bernardone, era um cidadão relativamente importante da guilda dos comerciantes de tecidos da cidade de Assis. É difícil descrever a posição de tal homem sem considerar também a posição de uma guilda como essa e mesmo de uma cidade como Assis. Não corresponde exatamente a nada do que se entende nos tempos modernos por um mercador ou um homem de negócios ou um comerciante, ou qualquer coisa que exista sob as condições do capitalismo. Bernardone talvez tenha empregado pessoas, mas não era um empregador; ou seja, não pertencia a uma classe de patrões como algo distinto de uma classe de empregados. A pessoa que sabemos definitivamente que ele empregou foi seu filho Francisco, e somos tentados a adivinhar que seria praticamente a última pessoa que qualquer homem de negócios empregaria se precisasse ter empregados. Pietro era rico, do mesmo modo que um camponês poderia ser rico a partir do trabalho de sua própria família; mas evidentemente esperava que a sua família trabalhasse tanto quanto uma família de camponeses. Era um cidadão destacado, mas dentro de uma ordem social que existia para evitar que ele se destacasse demais enquanto cidadão. Uma ordem que mantinha todas as pessoas como ele em seu nível de simplicidade, e na qual nenhuma prosperidade implicava essa isenção do trabalho pela qual nos tempos modernos um rapaz pode dar a impressão de ser um lorde ou um rapaz de família rica ou alguma coisa além de filho de um comerciante de tecidos. Essa é uma regra comprovada até pelas exceções.

Francisco era uma daquelas pessoas populares com todo mundo em qualquer situação; e sua ingênua insolência como trovador e adepto dos costumes franceses fazia dele uma espécie de líder romântico entre os jovens da cidade. Vivia distribuindo dinheiro tanto por extravagância como por benevolência, de uma maneira própria de um homem que nunca, em toda a sua vida, compreendera muito bem o que o dinheiro significava. Isso fez sua mãe alimentar uma mistura de alegria e exasperação, e ela dizia, como diria qualquer esposa de comerciante de tecidos de qualquer canto do mundo: "Ele parece mais um príncipe do que o nosso filho".

Mas um dos primeiros vislumbres que temos dele mostra-o simplesmente vendendo peças de tecido em uma banca de mercado; coisa que sua mãe pode ter encarado ou não como um hábito de príncipe. Esse primeiro vislumbre do jovem no mercado é simbólico em mais de um sentido. Ocorreu um incidente que talvez seja o resumo mais curto e significativo que se poderia fazer de certas coisas curiosas que compunham seu caráter, muito antes de ele ser transfigurado pela fé transcendente. Enquanto vendia veludo e finos bordados a um respeitado mercador da cidade, um mendigo chegou implorando esmolas – evidentemente, de uma maneira bem pouco educada. Aquela era uma sociedade rude e simples e não havia leis para punir um homem faminto que expressasse sua necessidade de comida, como as leis que foram criadas em eras mais humanitárias; e a inexistência de qualquer organização policial permitia que tais pessoas importunassem os ricos sem correr maiores riscos. Mas, acredito eu, havia em muito lugares um costume local da guilda de proibir que gente de fora interrompesse uma barganha justa; e é possível que alguma coisa como essa tivesse colocado o mendigo em uma situação anormalmente imprópria. Francisco nutrira durante toda a vida grande apreço por pessoas que tivessem sido irremediavelmente colocadas em mau caminho. Nessa ocasião, ao que parece, ele precisou lidar com dois interlocutores, e sua mente ficou bastante dividida; com certeza sentiu-se incomodado, possivelmente irritado. Talvez tenha ficado ainda mais perturbado por ter assumido de modo bastante natural um padrão de comportamento quase exasperado. Todos concordam em que a delicadeza fluiu dele desde o início, como uma das fontes públicas daquelas ensolaradas praças de mercado italianas. Ele poderia ter escrito em um de seus poemas, como uma divisa sua, aquele verso do poema de Belloc:

"Oh Courtesy, it is much less
Than courage of heart or holiness,
Yet in my walks it seems to me
That the grace of God is in Courtesy."[14]

Ninguém jamais duvidou de que Francisco Bernardone tivesse ânimo corajoso, mesmo do tipo mais comum, viril e militar; e viria um tempo em que haveria também poucas dúvidas quanto à santidade e à graça de Deus. Mas acho que se em alguma coisa ele era particularmente atento era quanto a ser atencioso. Se havia uma coisa da qual se podia dizer que este homem tão humilde se orgulhava era de suas boas maneiras. Só que por trás dessa sua urbanidade tão perfeitamente natural havia possibilidades ainda mais amplas e extraordinárias, das quais esse incidente trivial nos dá uma primeira pista.

De algum modo Francisco, ficou visivelmente dividido diante do incômodo de deparar com dois falantes, mas deu um jeito de encerrar as tratativas com o comerciante e, ao concluí-las, descobriu que o pedinte havia ido embora. Francisco saltou de sua banca, deixou todas as peças de veludo e bordados para trás, à vista e à mercê de todos, e saiu correndo pelo mercado como uma flecha arremessada do arco. Ainda correndo, enveredou pelo labirinto de ruas estreitas e sinuosas da pequena cidade, procurando o mendigo até localizá-lo; e então despejou seu dinheiro todo no atônito pedinte. Em seguida, aprumou-se, e jurou diante de Deus que nunca mais iria recusar ajuda a um pobre. A envolvente simplicidade desse compromisso é bem característica. Nunca um homem teve tão pouco medo de suas promessas. Sua vida foi uma torrente de votos irrefletidos; de votos irrefletidos que acabaram sendo cumpridos.

14 Oh, Cortesia, ela é bem menos / que o ânimo corajoso ou que a santidade, / Embora em minhas andanças eu tenha a impressão / de que a graça de Deus está na Cortesia. (N.T).

Os primeiros biógrafos de Francisco, naturalmente animados pela grande revolução religiosa que ele promoveu, também naturalmente se voltaram para os seus primeiros anos, buscando presságios e sinais de tal terremoto espiritual. Mas nós, que escrevemos a uma distância maior, não devemos diminuir esse efeito dramático, e sim aumentá-lo, considerando que não havia a essa altura nenhum sinal exterior de nada particularmente místico naquele jovem. Ele não apresentou nenhum daqueles sinais precoces de vocação ostentados por outros santos. Além de sua ambição principal, de obter fama como poeta francês, parece que com maior frequência alimentou a ideia de ter fama como soldado. Nasceu bondoso; era valente do jeito que muitos garotos costumam ser; mas definiu os limites tanto da bondade como da valentia melhor do que a maioria dos jovens; por exemplo, tinha o horror humano à lepra, do qual poucas pessoas normais sentiam alguma necessidade de se envergonhar. Adorava os trajes alegres e coloridos próprios do gosto heráldico dos tempos medievais e parece que foi também uma figura bastante festiva. Embora não tenha demonstrado pendor para excessos e orgias, é bem provável que seu espírito alegre fosse sensível a todas as cores do arco-íris, como em uma pintura medieval. Mas nessa história do jovem em trajes de cores vivas correndo atrás de um mendigo em farrapos há certos ecos de sua individualidade que devem ser tomados sempre como pressuposto.

Por exemplo, vemos em Francisco a rapidez de reação. Em certo sentido, ele continuou correndo o resto da vida do mesmo jeito que correu atrás do mendigo. Pelo fato de quase todas as incumbências que assumiu estarem ligadas à compaixão, o que aparece mais como sua imagem é uma qualidade de brandura, que era verdadeira no seu sentido mais autêntico, mas que em geral é mal compreendida. A inclinação mais imediata da sua alma é a precipitação. Este santo deveria ser representado entre os demais santos como o são alguns dos anjos retratados em pinturas: com pés alados ou mesmo com penas – dentro do mesmo espírito daquele texto que coloca os anjos como ventos e os mensageiros divinos como fogos ardentes. É uma curiosidade da linguagem que o termo "coragem" esteja associado a "correr"; e alguns de nossos céticos com certeza demonstram que coragem significa na realidade correr em fuga. Mas a coragem dele manifestava-se em correr, no sentido de precipitar-se. Além de toda a sua delicadeza, havia originalmente algo de impaciência na sua impetuosidade. A verdade psicológica envolvida nisso ilustra muito bem a confusão moderna a respeito do termo "prático". Se entendemos por "prático" o que é "praticável" de modo mais imediato, estamos destacando o aspecto da facilidade. Nesse sentido, São Francisco era bem pouco prático, e seus objetivos últimos eram bem pouco mundanos. Mas se entendemos por "prático" uma preferência pelo esforço e pela energia imediatos e não pela dúvida e pela protelação, ele era de fato muito prático. Muitos poderão chamá-lo de louco, mas ele foi o oposto de um sonhador. Ninguém se inclinaria a chamá-lo de homem de negócios, mas era de forma muito enfática um homem de ação. Em algumas de suas primeiras experiências, foi demasiadamente um homem de ação; agiu cedo demais e era prático demais para exercer a prudência. Mas a cada etapa de sua extraordinária trajetória iremos vê-lo dobrando esquinas com ímpeto e do modo mais inesperado, do mesmo jeito que saiu à toda pelas sinuosas ruas atrás do mendigo.

Outro elemento implícito nesta história, que já se mostrava em parte como um instinto natural, antes de se tornar um ideal sobrenatural, era algo que talvez nunca se tenha perdido de todo naquelas pequenas repúblicas da Itália medieval. E algo bem desconcertante para algumas pessoas; algo mais claro hoje para os do sul do que para o do norte, e acho que também mais claro para os católicos do que para os protestantes: a suposição bastante natural da igualdade entre os homens. Não tem necessariamente a ver com o amor franciscano pelos homens; ao contrário, um de seus testes meramente práticos é a igualdade do duelo. Talvez um cavalheiro nunca seja totalmente igualitário até conseguir de fato medir forças com seu criado. Mas era uma condição prévia da irmandade franciscana; e podemos senti-la neste primeiro incidente secular. Francisco, imagino eu, viveu uma dúvida real em relação a quem ele deveria atender, se o mendigo ou o comerciante; e depois de atender o comerciante, voltou-se para atender o mendigo; encarou ambos como dois homens. Esta é uma coisa muito mais difícil de definir em uma sociedade na qual ela está ausente, mas foi a base original de toda a questão; foi por isso que o movimento popular surgiu nesse tipo de lugar e nesse tipo de homem. Sua criativa magnanimidade ergueu-se depois como uma torre a alturas estelares, que podem muito bem parecer vertiginosas e até insanas, mas tinha por base este elevado patamar da igualdade humana.

Destaquei essa dentre as centenas de histórias da juventude de São Francisco, e me demorei um pouco sobre o seu significado porque, enquanto não apreendermos seu sentido, ficará muitas vezes a impressão de que há pouca razão para contá-la, além de uma espécie de sentimento leviano. E São Francisco não é um personagem adequado para ser favorecido com histórias meramente "bonitas". Há muitas delas, mas com excessiva frequência são usadas como se fossem um sedimento sentimental do mundo medieval, em vez de constituírem, como ocorre enfaticamente com o santo, um desafio ao mundo moderno. Devemos levar seu real desenvolvimento humano um pouco mais a sério; e a próxima história que nos permitirá ter um vislumbre real dele transcorre em um cenário bem diferente. Mas exatamente do mesmo modo, ela abre, como se por acidente, certos abismos da mente, e talvez da mente inconsciente. Nesta história, Francisco ainda se afigura mais ou menos como um jovem comum; e é só quando olhamos para ele como um jovem comum que compreendemos um jovem extraordinário que deve ter sido.

Havia eclodido uma guerra entre Assis e Perúgia. É moda agora dizer em tom satírico que tais guerras não chegavam a eclodir, que na verdade eram uma condição infindável entre as cidades-estados da Itália medieval. Bastaria dizer aqui que se uma dessas guerras medievais tivesse realmente prosseguido sem interrupção por um século, possivelmente teria matado mais pessoas do que as que morrem em um ano em uma das nossas grandes guerras científicas, entre os grandes impérios industriais modernos. Mas os cidadãos da república medieval com certeza estavam sob a limitação de só serem conclamados a morrer em defesa das coisas com as quais sempre tinham vivido, as casas que haviam habitado, os santuários que haviam venerado e os governantes e representantes que conheciam; e não desfrutavam dessa nossa visão mais ampla, que nos incita a morrer por causa dos mais recentes boatos sobre remotas colônias, noticiados por jornais anônimos. Se inferimos de nossa própria experiência que a guerra paralisava a civilização, devemos ao menos admitir que essas cidades em guerra produziram vários paralíticos do porte de Dante e Michelangelo, Ariosto e Ticiano, Leonardo da Vinci e Colombo, para não mencionar Catarina de Siena e o personagem desta nossa história. E enquanto lamentamos todo esse patriotismo local como um desacerto próprio da Idade das Trevas, talvez nos pareça bastante curioso o fato de que cerca de três quartos dos maiores homens que já estiveram entre nós são provenientes dessas pequenas cidades e com frequência estiveram envolvidos nessas pequenas guerras. Resta-nos aguardar e ver o que irão produzir as nossas grandes cidades; mas não tem havido nenhum sinal de algo nesse sentido desde que elas se tornaram grandes; e às vezes sou assaltado por uma fantasia de juventude, de que essas coisas só irão ocorrer quando tivermos uma cidade murada em volta de Clapham e um toque de sino que se faça soar à noite para armar os cidadãos de Wimbledon[15].

Seja como for, o toque de sino soou em Assis e seus cidadãos foram armados, entre eles Francisco, o filho do comerciante de tecidos. Ele foi lutar junto com alguns lanceiros e, em uma dessas lutas ou investidas ou outra escaramuça qualquer, ele e seu pequeno bando foram feitos prisioneiros. A mim parece mais provável que tenha havido alguma história de traição ou de covardia na origem desse infortúnio, pois conta-se que havia um preso com quem os demais companheiros se recusavam terminantemente a falar na prisão, e quando isso ocorre nessas circunstâncias, em geral é porque a responsabilidade militar pela rendição é colocada em alguém. Seja como for, alguém observou uma coisa pequena mas curiosa, embora possa ter parecido bem mais negativa do que positiva. Francisco, segundo se conta, circulava entre seus colegas de cativeiro com toda a sua característica cortesia e até mesmo bom humor, "liberal e engraçado" como alguém se referiu a ele, decidido a manter elevado o ânimo deles e o seu. E quando deparou com o misterioso rejeitado, traidor ou covarde ou o que quer que fosse, simplesmente tratou-o do mesmo modo que aos demais, sem frieza nem piedade, com a mesma alegria espontânea e camaradagem.

Mas se houvesse dentro daquela prisão alguém com uma espécie de intuição sobre a verdade e a tendência das coisas do espírito, poderia ter concluído estar na presença de algo novo e aparentemente quase anárquico; uma forte maré que puxava para os mares inexplorados da caridade. Porque nesse sentido havia realmente algo ausente em Francisco de Assis, algo para o qual ele estava cego e que lhe permitia ver melhor e ver coisas mais belas. Todos aqueles limites impostos à camaradagem e às boas maneiras, todas aquelas balizas da vida social que dividem o que é tolerável

15 Clapham e Wimbledon são subúrbios de Londres. (N.T.)

do que é intolerável, todos aqueles escrúpulos sociais e convenções que são normais e até nobres nos homens comuns, todas aquelas coisas que dão coesão a muitas sociedades decentes nunca conseguiram refrear este homem. Ele gostava, mas do seu jeito; a impressão é de que gostava de todos, mas especialmente daqueles que levavam os outros a não gostar dele justamente por isso. Alguma coisa muito grande e universal já estava presente naquele pequeno calabouço; e um vidente poderia ter detectado dentro da sua escuridão aquele halo vermelho da *caritas caritatum* que marca um santo entre os santos, assim como entre os homens. Deve ter ouvido o primeiro sussurro daquela louca bênção que mais tarde assumiu a forma de uma blasfêmia: "Ele dá ouvidos àqueles que nem o próprio Deus ouviria".

Mas embora tal vidente pudesse ter visto essa verdade, é muito questionável que o próprio Francisco a visse. Ele agia a partir de uma generosidade inconsciente – ou *largesse*, para usar o ótimo termo medieval – que abrigava em si, algo que poderia ser considerado quase sem lei se não estivesse já perto de uma lei mais divina; mas é difícil crer que ele já soubesse que esta lei era divina. É evidente que ele a esta altura não tinha qualquer intenção de abandonar a vida militar, e menos ainda de adotar a vida monástica. É verdade que não existe, ao contrário do que os pacifistas e os pedantes imaginam, a menor contradição entre amar os homens e lutar com eles, desde que lutemos contra eles de modo justo e por uma boa causa. Mas me parece que havia mais do que isso envolvido, que a mente do jovem estava realmente se encaminhando para uma moralidade militar. Por volta dessa época, a primeira calamidade cruzou seu caminho na forma de uma doença que iria revisitá-lo várias vezes e ser um impedimento à sua impetuosa trajetória. A doença tornou-o mais sério; mas pode-se imaginar que teria apenas feito dele um soldado mais sério, ou que o teria feito encarar com maior seriedade a vida militar. E enquanto estava em recuperação, algo bem maior do que os pequenos feudos e batalhas nas cidades italianas abriu-lhe uma avenida de aventura e ambição.

A coroa da Sicília, um considerável foco de controvérsia na época, estava, ao que parece, sendo reclamada por um certo Gauthier de Brienne, e a causa papal que Gauthier fora chamado a defender despertava entusiasmo em vários jovens de Assis, entre eles Francisco, que propôs marchar para a Apúlia em nome do conde. Talvez aquele nome francês tivesse algo a ver com isso, pois não se deve nunca esquecer que embora aquele mundo fosse um mundo de pequenas coisas, era um mundo de pequenas coisas preocupado com grandes coisas. Havia mais internacionalismo naquelas terras pontuadas por pequenas repúblicas do que nas imensas divisões homogêneas e impenetráveis de hoje em dia. A autoridade legal dos magistrados de Assis dificilmente ia além da distância coberta por uma flecha arremessada dos altos muros com ameias da cidade. Mas suas simpatias podiam estar a favor da incursão dos normandos pela Sicília ou a favor do palácio dos trovadores em Toulouse; com o imperador entronizado nas florestas germânicas ou com o grande Papa moribundo exilado em Salerno. Sobretudo, deve-se lembrar que, quando os interesses de uma era são principalmente religiosos, eles devem ser universais. Nada pode ser mais universal do que o universo. E há várias coisas a respeito da posição religiosa naquele momento particular que as pessoas modernas não conseguem compreender, o que não deixa de ser natural.

Em primeiro lugar, porque povos modernos encaram povos tão remotos como povos antigos, ou mesmo como povos primitivos. Sentimos nebulosamente que essas coisas aconteceram nas primeiras eras da Igreja. A Igreja já tinha bem mais do que mil anos de idade. Ou seja, a Igreja era então mais velha do que a França é hoje, e bem mais velha do que a Inglaterra é agora. E parecia velha então; quase tão velha como parece agora, possivelmente mais velha do que agora. A Igreja parecia o grande Carlos Magno, com sua longa barba branca, que já havia lutado uma centena de guerras contra os pagãos, e segundo a lenda foi incentivado por um anjo a prosseguir e lutar uma vez mais, apesar de já ter duzentos anos de idade. A Igreja chegara aos seus mil anos e entrara no segundo milênio; atravessara a Idade das Trevas, quando não havia nada a fazer exceto lutar desesperadamente contra os bárbaros e repetir com obstinação o credo. O credo ainda estava sendo repetido após a vitória ou a fuga, mas não é despropositado supor que havia algo de monótono nessa repetição.

A Igreja parecia velha então e parece velha agora; e havia alguns que achavam que ela estava morrendo, tanto antes como agora. No que se refere à verdadeira ortodoxia, esta não estava morta, mas podia ser maçante; com certeza, algumas pessoas começaram a achá-la maçante. Os trovadores do movimento provençal já haviam começado a dar aquela guinada ou desvio em direção a tendências orientais e ao paradoxo do pessimismo, que sempre chega aos europeus como algo fresco quando sua própria sanidade começa a ficar um pouco rançosa. Aquele frescor e liberdade dos primeiros cristãos parecia, tanto então como agora, uma idade de ouro perdida, quase pré-histórica. Roma ainda era mais racional do que qualquer outra coisa; e a Igreja era realmente mais sábia, mas também pode muito bem ter parecido mais enfadonha que o mundo. Talvez houvesse algo mais ousado e atraente na louca metafísica que soprava da Ásia. Os sonhos aglomeravam-se como nuvens negras sobre o Midi, prestes a explodir em um trovão de anátema e guerra civil. Sobre a grande planície em volta de Roma apenas a luz estendia-se, mas era uma luz fraca e a planície era rasa; e não havia agitação no ar parado e no silêncio imemorial da cidade sagrada.

No alto da sombria casa de Assis, Francesco Bernardone dormia e sonhava com armas. Veio-lhe então, no escuro, uma visão esplêndida, de espadas lavradas com a cruz, como as dos cruzados, de lanças e escudos e elmos pendendo de uma alta panóplia, todos com o símbolo sagrado. Quando acordou, interpretou o sonho como uma trombeta convocando-o para a batalha, e saiu correndo em busca de um cavalo e de armas. Ele gostava dos exercícios de cavalaria e era obviamente um cavaleiro consumado e um lutador versado em torneios e manobras. Sem dúvida, teria preferido um tipo cristão de cavalaria, mas parece evidente que também se sentia atraído pela glória, embora nele tal glória sempre se identificasse com a honra. De qualquer modo, também fazia parte da sua visão aquela coroa de louros que César legara aos latinos. Ao partir para a guerra, o grande portão no profundo muro de Assis ressoou com sua última jactância: "Voltarei como um grande príncipe".

Pouco havia andado pela estrada e sua doença acometeu-o de novo e o derrubou. É muito provável, considerando seu impetuoso temperamento, que tenha cavalgado um bom tempo sem ter mais condições para isso. E na escuridão de sua segunda e bem mais desoladora interrupção, parece que teve outro sonho no qual uma voz lhe dizia: "Você se equivocou quanto ao sentido da sua visão. Volte para a sua cidade". E Francisco voltou adoentado a Assis, uma figura deplorável, desapontado, talvez até ridicularizado, sem nada a fazer senão esperar pelo que poderia acontecer em seguida. Foi sua primeira descida a uma ribanceira chamada vale da humilhação, que lhe pareceu um vale muito rochoso e desolado, mas onde mais tarde iria encontrar muitas flores.

Francisco, porém, não estava só desapontado e humilhado, mas também muito confuso e assustado. Ainda acreditava firmemente que seus dois sonhos deviam querer dizer alguma coisa, mas não conseguia imaginar qual poderia ser seu sentido. Foi enquanto estava vagando ou, como alguém poderia dizer, sonhando acordado pelas ruas de Assis e pelos campos fora dos muros da cidade, que ocorreu um incidente não diretamente relacionado com os sonhos, mas que parecia ser sua culminação óbvia. Cavalgava indiferente por algum lugar à beira da estrada, quando viu uma figura se aproximando e parou. Viu que se tratava de um leproso e soube na hora que sua coragem estava sendo desafiada, não como o mundo costuma fazer, mas como o faria alguém que conhecesse os segredos de seu coração. O que ele via avançando em sua direção não era o estandarte e as lanças de Perúgia, diante dos quais nunca lhe passou pela cabeça recuar; nem os exércitos que lutaram pela coroa da Sicília, que ele sempre encarou da mesma forma com que um homem corajoso enfrenta um perigo vulgar. O que Francesco Bernardone viu foi o seu próprio medo avançando pela estrada em sua direção; o medo que vem de dentro, não o que vem de fora, embora se apresentasse branco e horrível à luz do sol. Por uma vez em sua longa e tumultuada vida, sua alma deve ter se sentido imobilizada. Então, em um átimo, saltou de seu cavalo e correu em direção ao leproso para abraçá-lo. Foi o início de uma longa vocação de ministério entre os leprosos, aos quais prestou muitos serviços. Deu então todo o dinheiro que tinha àquele homem, montou de novo e saiu cavalgando. Não sabemos o quanto cavalgou, nem que sentido tinham para ele as coisas que via à sua volta. Mas dizem que ao olhar para trás não viu mais nenhuma figura na estrada.

Capítulo IV
Francisco, o construtor

Chegamos agora ao grande momento de ruptura na vida de Francisco de Assis; o ponto em que ele deparou com um evento que permanece em grande medida obscuro para a maioria de nós, homens comuns e egoístas, que não foram quebrantados por Deus para serem recompostos de outra maneira.

Ao lidar com esta difícil passagem, especialmente para o meu propósito particular de facilitar um pouco as coisas ao simpatizante secular, hesitei quanto ao rumo mais adequado a tomar; e acabei decidindo, antes de qualquer coisa, declarar o que aconteceu, dando apenas alguma pista sobre o que imagino ser o seu sentido. Em todo caso, o sentido mais amplo será debatido com maior facilidade mais adiante, quando tiver tido seus desdobramentos na vida franciscana como um todo. Seja como for, foi isto o que aconteceu. Uma história que gira principalmente em torno da Igreja de São Damião, um velho santuário de Assis, visivelmente negligenciado e caindo aos pedaços. Era lá que Francisco tinha por hábito rezar diante do crucifixo naqueles dias tristes e incertos de transição que se seguiram ao trágico colapso de todas as suas ambições militares, talvez tornados mais amargos por certa perda de prestígio social, algo terrível para seu espírito sensível. Enquanto rezava, ouviu uma voz que lhe dizia: "Francisco, não viste que minha casa está em ruínas? Vai e reforma-a para mim".

Francisco levantou decidido. Partir para fazer alguma coisa era um dos impulsos de sua natureza; provavelmente fez aquilo antes de ter refletido mais a fundo sobre o que estava fazendo. De qualquer modo, o que fez foi algo muito decisivo e imediatamente desastroso para a sua singular trajetória social. Na linguagem vulgar convencional deste mundo pouco compreensivo, ele roubou. Segundo seu próprio ponto de vista entusiasmado, havia estendido ao seu venerável pai, Pietro Bernardone, a refinada emoção e o inestimável privilégio de auxiliar, de maneira mais ou menos inconsciente, na reconstrução da Igreja de São Damião. Na verdade, o que fez foi primeiro vender seu próprio cavalo e depois várias peças de tecido de seu pai, acrescentando o sinal da cruz em cima delas para indicar seu destino piedoso e caridoso. Pietro Bernardone não enxergou as coisas sob essa luz. Aliás, Pietro Bernardone não tinha lá muitas luzes para ver as coisas, pelo menos no que dizia respeito ao gênio e temperamento de seu extraordinário filho. Em vez de compreender os ventos e chamas dos abstratos apetites que o garoto vivia, em vez de simplesmente lhe dizer (como o padre lhe diria mais tarde) que havia feito algo indefensável embora com a melhor das intenções, o velho Bernardone tratou o assunto com todo rigor, de maneira literal e legal. Lançou mão de poderes políticos absolutos, no estilo de um pai pagão, e ele mesmo trancou o filho à chave como um ladrão comum. A notícia, ao que parece, chegou aos ouvidos daqueles com quem o desafortunado Francisco havia sido popular, e de uma hora para outra, em seu esforço de construir a casa de Deus, ele havia apenas conseguido fazer desabar sobre sua cabeça sua própria casa, deixando-o soterrado sob as ruínas. A questão foi arrastando-se tristemente por vários estágios; a certa altura, o infeliz rapaz parecia ter sido engolido pela terra, por assim dizer, oculto em alguma caverna ou sótão, onde permaneceu mergulhado irremediavelmente na escuridão. Seja como for, viveu seu momento mais sombrio; o mundo inteiro havia sido revirado; o mundo inteiro caíra em cima da sua cabeça.

Quando reapareceu, foi só aos poucos que as pessoas perceberam que algo havia acontecido. Ele e o pai foram intimados a comparecer ao tribunal do bispo, pois Francisco recusara a autoridade de qualquer tribunal legal. O bispo dirigiu-lhe algumas repreensões, cheias daquele excelente senso comum que a Igreja Católica mantém sempre como pano de fundo para todas as atitudes exaltadas de seus santos. Disse a Francisco que ele deveria devolver sem questionar o dinheiro ao seu pai; que não poderia advir nenhuma bênção de um bom trabalho executado por métodos injustos; e, em resumo (para colocar as coisas cruamente), que se o jovem fanático devolvesse o dinheiro ao velho maluco, o incidente estaria encerrado. Francisco agora ostentava um novo ar. Não parecia mais oprimido, e menos ainda humilhado pelo pai; a meu ver, porém, suas palavras não continham nenhuma justa indignação, nenhuma insolência, nem nada que indicasse uma continuação daquela disputa. Talvez fossem remotamente aparentadas às misteriosas expressões do seu grande modelo: "Mulher, que tenho eu contigo?" [João 2, 4] ou mesmo do terrível "Deixa de me tocar" [João 20, 17][16].

Francisco ficou então em pé diante de todos e disse: "Até esse momento chamei Pietro Bernardone de pai, mas agora sou o servo de Deus. Não só o dinheiro de meu pai, mas tudo o que possa ser chamado de seu, irei devolver agora, até as roupas que ele me deu". E despiu-se de todos os

16 Conforme a Bíblia, tradução de João Ferreira de Almeida. (N.T.)

seus trajes, exceto um, que todos viram ser uma camisola de tecido rústico.

Empilhou suas vestes todas no chão e atirou todo o dinheiro que tinha em cima delas. A seguir, virou-se para o bispo e recebeu sua bênção, como alguém que dá as costas à sociedade; depois, segundo o relato, saiu do jeito que estava naquele mundo frio. Ao que parece, era literalmente um mundo frio naquele momento, pois nevava. Há um detalhe curioso, de significado muito profundo, imagino eu, nesse relato sobre essa grande crise em sua vida. Ele saiu meio nu em sua camisola de crina e foi até os bosques invernais, andando sobre chão congelado, entre as árvores cobertas de geada. Um homem sem pai, sem um tostão, sem família, ao que tudo indicava sem qualquer ocupação, ou plano, ou esperança no mundo: e enquanto seguia sob as árvores frias, de repente desatou a cantar.

Observou-se como algo notável que cantasse em francês, ou naquele provençal que por praticidade era chamado de francês. Não era sua língua nativa; e foi em sua língua nativa que ele acabou ganhando fama como poeta. São Francisco foi de fato um dos primeiros poetas nacionais a se expressar nos dialetos genuinamente nacionais da Europa. Mas era a linguagem com a qual seus mais ardorosos anseios de rapaz haviam se identificado; era para ele a linguagem proeminente do romance. Que tenha brotado nele naquela situação extrema e extraordinária me parece algo à primeira vista muito estranho e em última análise muito significativo. Qual foi este significado, ou qual poderá ter sido, é algo que vou tentar sugerir no próximo capítulo; aqui basta indicar que toda a filosofia de São Francisco girava em torno da ideia de uma nova luz sobrenatural sobre as coisas da natureza, o que significava a recuperação final, e não a recusa final, das coisas naturais. E para o propósito desta parte puramente narrativa da questão, é suficiente registrar que ao perambular pela gélida floresta em sua camisola, como o mais selvagem dos eremitas, cantou na língua dos trovadores.

Enquanto isso, a narrativa evidentemente retorna ao problema da igreja em ruínas, ou pelo menos negligenciada, que havia sido o ponto de partida do inocente crime do santo e da sua beatífica punição. Esse problema ainda dominava sua mente e logo foi atacado pela sua insaciável propensão às atividades. Mas foram atividades de um novo tipo, já que ele não fez mais tentativas de interferir na ética comercial da cidade de Assis. Havia surgido nele um daqueles grandes paradoxos que são também um lugar-comum. Ele compreendeu que a maneira de construir uma igreja não era envolvendo-se em barganhas e questões legais, que para ele se afiguravam muito desconcertantes. A maneira de construir uma igreja não era pagar por ela, e menos ainda com o dinheiro dos outros, com certeza. A maneira de construir uma igreja não era nem mesmo pagar por ela com o próprio dinheiro. A maneira de construir uma igreja era construindo-a.

Então ele mesmo foi recolher pedras. E pedia também a todas as pessoas que encontrava que lhe dessem pedras. Na verdade, virou uma nova espécie de pedinte, invertendo a parábola: um mendigo que não pedia pão, e sim pedras. Provavelmente, como aconteceu tantas vezes em sua extraordinária existência, a própria extravagância do pedido ajudava a dar-lhe uma espécie de popularidade. Gente de todo tipo, desocupados, ricos, aderiram ao projeto beneficente, como teriam feito caso se tratasse de uma aposta. Ele trabalhou com as próprias mãos na reconstrução da igreja, carregando o material como um animal de carga e aprendendo as mais penosas e degradantes lições do trabalho. Contam-se muitas histórias sobre Francisco, tanto dessa quanto de outras épocas de sua vida; mas para os nossos propósitos aqui, que são de simplificação, é melhor ficar com este reingresso definitivo do santo no mundo pela porta humilde do trabalho braçal. Na verdade, sua vida toda é percorrida por uma espécie de duplo sentido, como se fosse sua sombra projetada na parede. Todas as suas ações têm algo de alegoria. E é bem provável que um historiador científico menos sagaz possa algum dia tentar provar que o próprio Francisco nunca foi nada além de uma alegoria. Nesse sentido, é bem verdade que ele estava empenhado em uma tarefa dupla, reconstruindo algo mais do que a igreja de São Damião. E descobria a lição geral de que sua glória não estava em lançar os homens na batalha, mas em construir os monumentos positivos e criativos da paz. E estava sem dúvida construindo algo mais, ou começando a construir; algo que com excessiva frequência tem desmoronado, mas que nunca deixou de ser reconstruído; uma igreja que sempre foi possível renovar, embora tenha sido corrompida até a sua pedra fundamental, e contra a qual os portões do inferno nunca deverão prevalecer.

O próximo estágio de seu progresso provavelmente está assinalado por sua decisão de transferir as mesmas energias de reconstrução arquitetônica para a pequena igreja de Santa Maria dos Anjos, na Porciúncula. Ele já fizera algo nesse sentido em uma igreja dedicada a São Pedro; e aquela qualidade já apontada de sua vida, que a fazia parecer um drama simbólico, levou muitos dos seus mais dedicados biógrafos a destacar o simbolismo numérico das três igrejas. De qualquer modo, havia um simbolismo mais histórico e prático em relação a duas delas. Pois a igreja original de São Damião virou depois a sede de seu impressionante experimento de uma ordem feminina, e da pura e espiritual história de Santa Clara. E a igreja da Porciúncula permanecerá para sempre como um dos grandes edifícios históricos do mundo, pois foi ali que ele reuniu o pequeno grupo de amigos e entusiastas; foi o lar de muitos homens sem-teto. Não fica claro, porém, se naquela época ele já tinha uma ideia definida desses desenvolvimentos monásticos. Obviamente, é impossível dizer quando foi que o plano apareceu em sua mente; diante dos fatos, parece que começou a tomar forma com uns poucos amigos que foram se ligando a ele um a um, compartilhando sua paixão pela simplicidade. Mas o relato feito sobre a forma de sua dedicação é muito significativo; pois foi uma invocação da simplificação da vida sugerida no Novo Testamento. A adoração de Cristo faz parte da natureza apaixonada do homem há longo tempo. Mas pode-se dizer que a imitação de Cristo, como uma espécie de plano ou esquema ordenado de vida, teve início aqui.

Os dois homens que parecem merecer o crédito por terem sido os primeiros a perceber algo do que estava ocorrendo no mundo da alma eram um robusto e abastado cidadão chamado Bernardo de Quintavalle e um cônego de uma igreja vizinha chamado Pedro. E tanto mais merecem esse crédito porque Francisco, se podemos nos expressar assim, estava por volta dessa época chafurdando na pobreza em companhia de leprosos e mendigos esfarrapados; e esses dois homens tinham muito do que abrir mão – um em confortos mundanos e o outro em ambições dentro da Igreja. Bernardo, o burguês rico, agiu de modo bem literal e doou tudo o que tinha aos pobres. Pedro fez mais, pois abriu mão de um cargo de autoridade espiritual, provavelmente quando já era um homem de idade madura e, portanto, de hábitos mentais consolidados, a fim de seguir um jovem extravagante que a maioria das pessoas via como lunático. Seja lá o que tenham vislumbrado – aquilo cuja glória Francisco via com clareza –, poderemos sugeri-lo mais adiante, desde que seja possível. No presente estágio, o que precisamos professar é que não conseguimos ver nada além do que viam os habitantes de Assis, o que de modo algum dispensa comentários. Os cidadãos de Assis viam apenas o camelo passando pela agulha e Deus fazendo coisas impossíveis, pois para Ele todas as coisas são possíveis: ou seja, viam apenas um sacerdote que rasgava suas vestes como um publicano, e não como um fariseu, e um homem rico que seguia adiante feliz, pois não tinha mais posses.

Dizem que essas três estranhas figuras haviam construído para si uma espécie de cabana ou cova junto ao leprosário. Lá conversavam, nos intervalos da lida e do perigo (pois era preciso ter dez vezes mais coragem para cuidar de um leproso do que para lutar pela coroa da Sicília), sobre os termos de suas novas vidas, quase como crianças falando uma linguagem secreta. Desses elementos individuais em sua primeira amizade podemos dizer pouco com alguma certeza; mas é certo que continuaram amigos até o fim. Bernardo de Quintavalle ocupa na história algo como a posição de *sir* Bedivere, "o primeiro cavaleiro armado pelo rei Artur e o último a abandoná-lo", pois reaparece à direita do santo em seu leito de morte e recebe dele um tipo de bênção especial. Mas todas essas coisas pertencem a outro mundo histórico e estão bem distantes do esfarrapado e fantástico trio em sua cabana caindo aos pedaços. Não eram monges, a não ser talvez no sentido mais literal e arcaico, que os equiparava a eremitas. Eram, digamos, três solitários vivendo socialmente juntos, mas não como uma sociedade. A coisa toda parece ter sido intensamente individual, e, vista de fora, sem dúvida o foi em um grau insano. A agitação de algo que contivesse a promessa de um movimento ou de uma missão pode ser sentida pela primeira vez, como eu disse, na questão do recurso ao Novo Testamento.

Era uma espécie de *sors virgiliana* aplicada à Bíblia; uma prática que não era desconhecida entre os protestantes, embora eles a criticassem, poderíamos pensar, como sendo um tipo de superstição de pagãos. De qualquer modo, abrir as Escrituras ao acaso parece quase o oposto de procurar algo nelas; não obstante, São Francisco com certeza as abria ao acaso. Segundo se conta, certa vez ele simplesmente fez o sinal da cruz sobre o volume do Evangelho, abriu-o em três lugares e leu três textos. O primeiro era o relato do jovem rico cuja recusa em vender todos os seus bens dá margem ao grande paradoxo sobre o camelo e a agulha. O segundo era a ordem dada aos discípulos de não levarem nada em viagem, nem pão, nem alforje, nem dinheiro. O terceiro era aquele dito, que literalmente pode ser chamado de crucial, de que os seguidores do Cristo devem também carregar sua cruz. Há uma história de certo modo similar, na qual Francisco encontra um desses textos, quase que por acidente, simplesmente ouvindo aquele que calhou ser o Evangelho do dia.

Mas a primeira versão pelo menos parece indicar que o incidente ocorreu de fato bem cedo na sua nova vida, talvez logo depois da sua ruptura com seu pai. Aparentemente, foi após esse oráculo que Bernardo, o primeiro discípulo, adiantou-se e distribuiu todos os seus bens entre os pobres. Seja como for, parece que nada se seguiu a isso de momento, exceto a vida ascética individual, tendo a cabana como eremitério. É claro que deve ter sido um tipo bem público de eremitério, mas que mesmo assim ficava, em um sentido bem real, retirado do mundo. São Simeão Estilita no alto de seu pilar era, de certo modo, um personagem extraordinariamente público, mas havia algo um pouco singular em sua situação.

Pode-se supor que a maioria das pessoas achasse também a situação de Francisco singular, que alguns até a achassem singular demais.

Havia inevitavelmente em qualquer sociedade católica um aspecto que, em última instância e até de modo subconsciente, permitia no mínimo compreender isso melhor do que uma sociedade pagã ou puritana seria capaz de fazer. Mas acho que não devemos nesse estágio exagerar essa simpatia pública potencial. Como já foi sugerido, a Igreja e todas as suas instituições, as monásticas inclusive, já tinham um ar de coisas velhas e estabelecidas e ponderadas. O senso comum era mais comum na Idade Média, penso eu, do que na nossa agitada era jornalística; mas homens como Francisco não são comuns em nenhuma era, e tampouco se espera que sejam compreendidos inteiramente apenas pelo exercício do senso comum.

O século XIII foi com certeza um período progressista, talvez o único período de fato progressista da história humana. Mas pode ser chamado de progressista justamente porque seu progresso foi muito ordeiro. É um exemplo real e verdadeiro de uma época de reformas sem revoluções. Mas estas reformas foram não só progressistas mas muito práticas, e beneficiaram muito instituições altamente práticas: as cidades, as corporações comerciais e os ofícios manuais. Vejam, os homens importantes da cidade e das guildas na época de Francisco de Assis eram provavelmente muito importantes mesmo. Eram bem mais nivelados economicamente, e eram governados de maneira bem mais justa em seu próprio ambiente econômico do que os modernos que se debatem como loucos entre a fome e os preços monopolistas do capitalismo; mas também é bem provável que a maior parte desses cidadãos fosse tão cabeça-dura como os camponeses.

Com certeza o comportamento do venerável Pietro Bernardone não indica uma simpatia delicada pelas refinadas e quase fantasiosas sutilezas do espírito franciscano. E não podemos medir a beleza e originalidade dessa estranha aventura espiritual a não ser que tenhamos o humor e a simpatia humana que nos permitam colocar em palavras claras de que modo ela deve ter se afigurado a uma pessoa tão pouco simpática na época em que aconteceu. No próximo capítulo farei uma tentativa, inevitavelmente inadequada, de indicar os detalhes dessa história da reforma das três igrejas e da pequena cabana. No presente capítulo, só a esbocei de fora. E ao concluir este capítulo peço ao leitor que relembre e compreenda como essa história deve ter parecido na realidade, vista assim de fora. Como pareceria essa história a um crítico de senso comum bastante grosseiro, sem outro sentimento pelo incidente a não ser a irritação?

Um jovem maluco ou mau-caráter é pego roubando seu pai e vendendo os bens que ele deveria estar guardando; e a única explicação que ele oferece é que uma voz vinda do além falou-lhe ao ouvido e mandou-o remendar as rachaduras e buracos de uma determinada parede. Ele então se declara naturalmente independente de todos os poderes atinentes à polícia ou aos magistrados e se refugia com um bispo amável que é forçado a chamá-lo às falas e dizer-lhe que está errado. Ele então tira suas roupas em público e praticamente as atira em seu pai, anunciando ao mesmo tempo que seu pai não é mais seu pai. Sai então correndo pela cidade, pedindo a todos que encontra que lhe deem fragmentos de edifícios ou materiais de construção, ao que parece em função de sua velha mania de consertar paredes. Talvez seja uma excelente ideia remendar paredes que estejam avariadas, mas de preferência não por alguém que esteja também avariado; e as restaurações arquitetônicas, como quaisquer outras coisas, não deveriam ficar a cargo de construtores que, como se diz, estão ruins da telha. Finalmente, o infeliz jovem reaparece esfarrapado e imundo e praticamente passa a viver na sarjeta. É este o espetáculo que Francisco deve ter apresentado a uma boa parcela dos seus vizinhos e amigos.

As pessoas devem ter se perguntado como fazia para sobreviver. Presumivelmente ele também mendigava pão, como mendigara material de construção. Mas tinha sempre o cuidado de pedir o pão mais preto e rançoso que pudesse conseguir, as crostas mais velhas ou algo bem menos apetitoso do que os restos que os cães comiam, caídos da mesa dos ricos. Portanto, é provável que tivesse uma alimentação bem inferior à de um mendigo comum; pois o mendigo comeria o melhor que conseguisse arrumar e o santo, o pior. A verdade é que ele se dispôs a viver de refugos, o que com certeza era uma experiência bem mais dura do que a refinada simplicidade que os vegetarianos e abstêmios chamam hoje de vida simples. Do mesmo jeito que lidava com a questão da comida, lidava também com a questão da roupa. Ou seja, seguia o mesmo princípio de pegar o que quer que fosse, e não apenas o melhor que conseguisse. Diz um relato que uma vez trocou as roupas dele com um mendigo, e sem dúvida o teria feito de bom grado também com um espantalho. Em outro relato, conseguiu uma vez a túnica marrom rústica de um camponês, mas presumivelmente apenas porque o camponês lhe deu sua túnica marrom mais velha, e de fato devia ser velha mesmo, pois a maioria dos camponeses tinha poucas mudas de roupa para doar, e alguns deles não eram muito inclinados a doá-las, a não ser quando absolutamente necessário. Dizem que em lugar do cinto que ele jogara fora (quem sabe com um descaso simbólico porque era costume naquele tempo carregar nele a bolsa de dinheiro ou o alforje), o santo pegou ao acaso uma corda que estava por perto e a amarrou na cintura. Sem dúvida, a intenção proposital era adotar um expediente precário, mais ou menos do mesmo modo que um vagabundo às vezes amarra seus farrapos com um barbante. Parece que queria enfatizar o fato de se vestir de qualquer modo, como quem recolhe panos de uma sucessão de latas de lixo. Dez anos mais tarde, porém, aquela roupa improvisada seria o uniforme de cinco mil homens; e cem anos depois foi com ela, e não com uma pomposa panóplia, que o grande Dante foi levado ao túmulo.

Capítulo V
O Menestrel de Deus

Podemos recorrer a muitos sinais e símbolos para dar uma pista do que realmente ocorreu na mente do jovem poeta de Assis. Na verdade, porém, eles se mostram numerosos demais e, ao mesmo tempo, frágeis demais para serem satisfatórios. Um deles, no entanto, pode ser prefigurado no seguinte fato, pequeno e aparentemente acidental: quando Francisco e seus companheiros seculares desempenhavam sua encenação poética pela cidade, autodenominavam-se trovadores. Mas quando ele e seus companheiros espirituais vieram a púbico para fazer seu trabalho espiritual no mundo, foram chamados por seu líder de Menestréis de Deus.

Nada foi dito aqui de qualquer modo sobre a grande cultura dos trovadores conforme manifesta na Provença ou Languedoc, apesar da grande influência que teve na história e em São Francisco. Mais pode ser dito a respeito deles quando resumirmos a relação do santo com a história, mas aqui é suficiente observar em poucas palavras os fatos relacionados aos trovadores que foram importantes para Francisco, e especialmente o ponto específico agora em questão, que foi o mais relevante de todos. Todos sabem quem foram os trovadores. Todos sabem que nos primórdios da Idade Média, nos séculos XII e início do século XIII, surgiu uma civilização no sul da França que ameaçava rivalizar ou eclipsar a nascente tradição de Paris. Seu principal fruto era uma escola de poesia, ou mais especificamente uma escola de poetas. Eles se dedicavam basicamente a poesias de amor, mas com frequência também produziam sátiras e críticas de assuntos diversos. Sua posição pitoresca na história deve-se em grande parte ao fato de cantarem os próprios poemas, muitas vezes acompanhados por delicados instrumentos musicais da época. Eram menestréis e também homens de letras. Aliavam à sua poesia de amor outras instituições de tipo decorativo e fantasioso, dedicadas ao mesmo tema. Exemplo disso é a chamada Gaia Ciência, uma tentativa de reduzir a uma espécie de sistema as sutis nuances da corte e do galanteio. Havia também as Cortes do Amor, nas quais os mesmos delicados assuntos eram tratados com pompa legal e pedantismo. Há um ponto nessa parte da questão que deve ser lembrado em relação a São Francisco. Embora houvesse manifestos perigos morais em todo esse exuberante sentimentalismo, é um erro supor que seu único risco de exagero fosse no sentido do sensualismo. A ênfase no romance meridional era, na realidade, um excesso de espiritualidade – do mesmo modo que a heresia pessimista que ele produziu era em certo sentido um excesso de espiritualidade. O amor nem sempre era animal; às vezes, era tão etéreo que se tornava quase alegórico. O leitor compreende que a senhora é o ser mais belo que pode existir, mas acaba duvidando às vezes se ela de fato existe. Dante devia algo aos trovadores. E os debates da crítica a respeito de sua mulher ideal são um excelente exemplo dessas dúvidas. Sabemos que Beatriz não era a sua esposa, mas também devemos estar igualmente certos de que não era sua amante. E alguns críticos têm até sugerido que ela não era absolutamente nada, digamos assim, a não ser sua musa. Esta ideia de Beatriz como figura alegórica é, a meu ver, infundada. E soa infundada a qualquer homem que tenha lido o *Vita Nuova* e tenha algum dia se apaixonado. Mas o próprio fato de que seja possível insinuá-la ilustra que há algo de abstrato e escolástico nessas paixões medievais. Embora fossem paixões abstratas, eram paixões muito passionais. Esses homens podiam sentir-se quase como amantes, mesmo a respeito de alegorias e abstrações. É preciso lembrar-se disso a fim de compreender que São Francisco estava falando a verdadeira linguagem de um trovador quando afirmou que também tinha uma dama gloriosa e graciosa e que o nome dela era Pobreza.

Mas o ponto a ser destacado aqui não diz respeito tanto à palavra "trovador", e sim à palavra "menestrel". Diz respeito especialmente à transição de uma para outra, e para isso é preciso captar outro detalhe sobre os poetas da Gaia Ciência. Um menestrel não era a mesma coisa que um trovador, mesmo que um homem pudesse ser trovador e menestrel ao mesmo tempo. Com maior frequência, acredito, tratava-se de homens diferentes, assim como de ofícios diferentes. Em muitos casos, parece que os dois homens andavam pelo mundo juntos, como companheiros de armas, ou melhor, de artes. O menestrel era mais propriamente um bufão ou comediante; às vezes, era o que poderíamos chamar de malabarista. Esse é o ponto, acredito, da história sobre Taillefer, o menestrel, na batalha de Hastings, que cantou a morte de Rolando enquanto jogava para cima a espada e pegava-a de volta, como um malabarista recolhe as bolas. Às vezes pode ter sido até um saltimbanco, como aquele acrobata na bela lenda que era chamado "O Saltimbanco de Nossa Senhora", porque ficava virado de cabeça para baixo diante da imagem da Virgem, que então lhe oferecia seu nobre agradecimento e conforto, sendo acompanhada nisso por todos os demais do céu. Podemos imaginar que na maioria das vezes o trovador exaltava sua plateia com sóbrias e solenes canções de amor e depois o menestrel apresentava seu número como uma espécie de momento cômico de descontração. Ainda está para ser escrito um glorioso romance medieval sobre esses dois companheiros vagando pelo mundo. Seja como for, se existe um lugar no qual o verdadeiro espírito franciscano pode ser encontrado fora da verdadeira história franciscana, é neste conto do Saltimbanco de Nossa Senhora. E quando São Francisco chamou seus seguidores de Menestréis de Deus, queria se referir a algo bem similar aos Saltimbancos de Nossa Senhora.

É em algum lugar nessa transição entre a aspiração do trovador e as travessuras do saltimbanco que se oculta, como em uma parábola, a verdade de São Francisco. Dos dois menestréis ou artistas, presume-se que o bufão ou comediante era o servo ou pelo menos a figura secundária. São Francisco sabia o que estava dizendo quando afirmou que encontrara o segredo da vida em ser o servo e a figura secundária. Porque nesse servir era possível encontrar uma liberdade que beirava a banalidade. Era uma condição comparável à do menestrel porque equivalia quase à banalidade. O bufão podia ser livre, enquanto o cavaleiro tinha que ser rigoroso, e era possível ser bufão naquele serviço, que significava perfeita liberdade. Essa analogia dos dois poetas ou menestréis é talvez a melhor enunciação preliminar e exterior sobre a mudança de ânimo operada pelos franciscanos, pois se apoia em uma ideia que a imaginação do mundo moderno vê com certa simpatia. É claro que havia muito mais do que isso envolvido, e devemos nos esforçar, mesmo que seja insuficiente, para ir além da imagem e penetrar na ideia, que, assim como ocorre com as piruetas dos saltimbancos, é vista por muitas pessoas como uma ideia maluca.

Francisco, naquela época em que desapareceu na prisão ou em uma caverna escura, ou próximo a ela, passou por uma inversão psicológica, que foi na realidade como uma cambalhota, no sentido de que ao realizar um círculo completo voltou, ou aparentemente voltou, à mesma posição. É preciso usar a analogia grotesca de uma pirueta acrobática porque dificilmente vamos encontrar outra imagem capaz de esclarecer esse fato. Mas no sentido interior, representou uma profunda revolução espiritual. O homem que foi para a caverna não era o mesmo que saiu dela; era quase tão diferente como se tivesse morrido, como se fosse um fantasma ou um espírito abençoado. E os efeitos disso na sua atitude em relação ao mundo foram também tão extravagantes como nenhum paralelo seria capaz de expressar. Ele encarava o mundo agora de modo tão diferente dos demais homens que era como se tivesse saído andando da cova escura plantando bananeira.

Aplicando esta parábola do Saltimbanco de Nossa Senhora, chegamos bem perto do ponto principal. Sem dúvida, é sabido que qualquer cena, como uma paisagem, por exemplo, pode ser vista com maior clareza e frescor se a virarmos de cabeça para baixo para apreciá-la. Alguns pintores de paisagens costumam adotar as posturas mais surpreendentes e pantomímicas a fim de poder observar por um momento seu assunto desse modo. Assim, essa visão invertida, que se revela muito mais clara, curiosa e sedutora, de fato guarda certa semelhança com o mundo que um místico como São Francisco vê todo dia. Mas aqui entra uma parte essencial da parábola. O Saltimbanco de Nossa Senhora não fica de cabeça para baixo *a fim de* ver flores e árvores com uma visão mais clara ou mais curiosa. Não é isso o que ele faz, e nunca lhe passaria pela cabeça fazê-lo. O Saltimbanco de Nossa Senhora fica de cabeça para baixo para agradar a Nossa Senhora. Se São Francisco tivesse feito a mesma coisa, como era bem capaz de fazer, teria sido originalmente pelo mesmo motivo, um motivo enraizado em um pensamento puramente espiritual. Seria *por causa* disso que seu entusiasmo se propagaria e criaria uma espécie de aura nos contornos de todas as coisas terrenas. Por isso, não é verdadeiro representar São Francisco como um mero precursor romântico do Renascimento e um reavivador dos prazeres naturais por si mesmos. O seu ponto principal é que o segredo de resgatar os prazeres naturais estava em observá-los à luz de um prazer sobrenatural. Em outras palavras, ele repetiu em sua própria pessoa aquele processo histórico observado no capítulo introdutório: a vigília do ascetismo que termina na visão de um mundo natural renovado. Mas no seu caso pessoal havia ainda mais do que isso: havia elementos que tornam a analogia do menestrel ou saltimbanco ainda mais adequada.

Podemos suspeitar de que foi nessa cela ou cova escura que Francisco passou as horas mais sombrias de sua vida. Por natureza, ele era o tipo de homem dotado daquela vaidade que é o oposto do orgulho; uma vaidade que está muito próxima da humildade. Nunca desprezou os outros seres humanos e, portanto, nunca desprezou suas opiniões, nem a admiração que pudessem nutrir por ele. Toda essa parte de sua natureza humana havia sofrido os golpes mais pesados e devastadores. É possível que depois do humilhante retorno de sua frustrada campanha militar ele tivesse sido chamado de covarde. É certo que após sua briga com o pai por causa das peças de tecido ele foi chamado de ladrão. E mesmo aqueles que mais haviam simpatizado com ele, o padre cuja igreja ele restaurou, o bispo cuja benção ele recebeu, evidentemente haviam-no tratado com uma afabilidade quase bem-humorada, que apenas deixava bem clara a sua apreciação final do assunto. Ele havia feito de si mesmo um tolo. Qualquer homem que já foi jovem, que já cavalgou ou se considerou pronto para lutar, que se imaginou um trovador e aceitou as convenções da camaradagem, poderá avaliar o peso esmagador dessa simples frase. A conversão de São Francisco, como a conversão de São Paulo, envolveu o fato de ele ser de repente, em certo sentido, derrubado de um cavalo, mas no seu caso foi uma queda ainda pior, pois tratava-se de um cavalo de guerra. De certo modo, não sobrou dele nem um fiapo de roupa que não fosse ridículo.

Todo mundo soube que na melhor das hipóteses ele havia feito papel de tolo. Ele se viu como um objeto, muito pequeno e nítido, como uma mosca andando em uma vidraça transparente. Tratava-se inequivocamente de um tolo. E enquanto ele olhava fixo para a palavra "tolo" escrita em letras luminosas diante dele, a própria palavra começou a brilhar e a mudar.

Na nossa infância, costumavam contar-nos que se um homem abrisse um buraco até o centro da terra e fosse descendo, descendo, haveria uma hora em que chegaria ao centro e teria a impressão de começar a subir, subir. Não sei se isso é verdade. A razão pela qual não sei se é verdade é que nunca abri um buraco até o centro da terra, e menos ainda engatinhei dentro dele. Se não sei como é a sensação dessa inversão de movimento é porque nunca estive lá. E isso também é uma alegoria. Com certeza o escritor e possivelmente também o leitor somos pessoas comuns que nunca viveram isso. E tampouco temos como acompanhar São Francisco nessa sua derradeira guinada espiritual, em que a total humilhação se transforma na santidade ou felicidade total, porque nunca estivemos lá. No que me diz respeito, não tenho a pretensão de acompanhar o santo nem um passo além dessa primeira derrubada das barricadas românticas de sua vaidade juvenil, que sugeri no parágrafo anterior. E mesmo este parágrafo, obviamente, é mera conjectura, um palpite individual sobre o que ele pode ter sentido. Mas ele pode também ter sentido algo bem diferente. De qualquer modo, independentemente do que foi, terá sido análogo à história do homem abrindo um túnel na terra, que na verdade tem o sentido de um homem descendo e descendo até que em algum misterioso momento ele começa a subir e subir. Nunca tivemos uma ascensão assim porque nunca descemos tanto. Não temos obviamente como afirmar que isso não acontece, e quanto mais imparcial e tranquilamente lemos a história humana, em especial as histórias dos homens sábios, mais chegamos à conclusão de que isso de fato ocorre. Não tenho a menor pretensão de escrever sobre a essência interior intrínseca da experiência. Mas o efeito exterior dela, para os propósitos desta narrativa, pode ser expresso dizendo que quando Francisco saiu de sua cova de visões estava usando a própria palavra "tolo" como se fosse uma pena de seu chapéu; como um penacho ou mesmo uma coroa. E seguiria adiante sendo um tolo. E tornar-se-ia cada vez mais tolo, mais doido, o bufão do Rei do Paraíso.

Esse estado só pode ser representado por símbolos, mas o símbolo da inversão é verdadeiro também em outro sentido. Se um homem vê o mundo invertido, com todas as árvores e torres dependuradas de cabeça para baixo como no reflexo de um lago, um dos efeitos é a ênfase na ideia de *dependência*. Existe em latim uma conexão literal, pois a palavra "dependência" vem de "pender". Isso tornaria claro o texto das Escrituras onde se lê que Deus "suspende a terra sobre o nada". Se São Francisco, em um de seus estranhos sonhos, tivesse visto Assis de cabeça para baixo, a cidade não teria diferido em nenhum único detalhe, exceto pelo fato de estar inteiramente invertida. Mas a questão é esta: enquanto na visão normal a alvenaria toda de seus muros ou os sólidos alicerces de suas torres e sua alta cidadela a fazem parecer mais sólida e permanente, na hora em que ela é virada ao contrário o mesmo peso a faz parecer mais indefesa e mais em perigo. É apenas um símbolo, mas vem a calhar com o fato psicológico. São Francisco amava sua pequena cidade tanto quanto antes, ou mais ainda, mas a natureza do amor havia sido alterada, até mesmo pelo fato de ser um amor mais intenso. Ele podia ver e amar cada telha dos íngremes telhados ou cada pássaro nas suas ameias, mas iria vê-los agora sob uma nova e divina luz de eterno perigo e dependência. Em vez de se sentir apenas orgulhoso de sua poderosa cidade porque ela não podia ser movida, seria grato ao Todo- Poderoso por ela não ter caído. Agradeceria a Deus por não ter deixado cair o cosmos inteiro como um grande cristal despedaçando-se em estrelas cadentes. Talvez São Pedro tenha visto o mundo assim, ao ser crucificado de cabeça para baixo.

Em geral, é com um tom um pouco cínico que os homens têm afirmado: "Bem-aventurados os que não esperam nada, pois não ficarão desapontados". Mas foi com um tom muito feliz e entusiasmado que São Francisco disse: "Bem-aventurados os que não esperam nada, pois irão desfrutar de tudo". Foi por meio dessa ideia deliberada de partir do zero, daquele nada sombrio de seus próprios desertos, que ele veio realmente a apreciar como poucos até mesmo as coisas terrenas; e elas são por si mesmas o melhor exemplo dessa ideia. Por que não há meio de um homem conseguir ganhar uma estrela ou merecer um pôr do sol. Mas há mais do que isso envolvido, e sem dúvida mais do que aquilo que pode ser expresso facilmente em palavras. É verdade que quanto menos um homem pensa em si mesmo, mais pensará em como é afortunado e em todas as dádivas de Deus. Mas também é verdade que ele enxerga mais das próprias coisas quando entende melhor sua origem. Pois a origem é parte delas e a parte mais importante. Portanto, elas se tornam mais extraordinárias quando são explicadas. O homem maravilha-se mais com elas, passa a não as temer tanto, pois uma coisa passa a ser maravilhosa de fato quando é importante e não quando é insignificante. E um monstro, disforme, mudo ou meramente destrutivo, pode ser maior que as montanhas, mas ainda assim é, em um sentido literal, insignificante. Para um místico como São Francisco, os monstros tinham um sentido, ou seja, haviam enviado sua mensagem. Não falavam mais em uma língua desconhecida. Esse é o significado de todas aquelas histórias, sejam lendárias ou históricas, nas quais ele aparece como um mago falando a linguagem dos animais e dos pássaros. O místico não terá nada a ver com o mero mistério; o mero mistério é geralmente um mistério de iniquidade.

A transição entre o homem bom e o santo é uma espécie de revolução, pela qual alguém que vê todas as coisas como o exemplo e a luz de Deus passa a ser alguém que vê Deus a exemplificar e iluminar todas as coisas. É como a inversão pela qual um amante pode dizer de início que uma dama é como uma flor, e depois dizer que todas as flores o lembram da sua dama. Um santo e um poeta ao depararem com uma mesma flor talvez pareçam afirmar a mesma coisa, mas embora ambos falem a verdade, estão dizendo verdades diferentes. Para um, o prazer da vida é a causa da fé, para o outro é mais o resultado da fé. Mas um dos efeitos desta diferença é que a sensação de uma dependência divina, que para o artista é um raio de luz, para o santo é como a luz do pleno dia. Por estar, em algum sentido místico, do outro lado das coisas, ele as vê saírem do divino como crianças que saem de um lar familiar e conhecido, em vez de deparar com elas conforme as vê cruzar seu caminho pelas estradas do mundo, como a maioria de nós faz. E há o paradoxo de que por esse privilégio o santo tem uma postura mais familiar, mais livre e fraternal, mais espontaneamente hospitaleira do que nós. Para nós, os elementos são arautos que nos anunciam com a trombeta e a túnica que estamos nos aproximando da cidade de um grande rei; mas ele os anuncia com uma antiga familiaridade que é quase banal. Ele as chama de seu Irmão Fogo e sua Irmã Água.

Assim, surge desse abismo quase niilista a nobre coisa que é chamada de Louvor, que ninguém jamais irá entender enquanto a identificar com adoração da natureza ou com otimismo panteísta. Quando dizemos que um poeta louva toda a criação, quase sempre queremos dizer que louva o cosmos inteiro. Mas esse tipo de poeta realmente louva a criação no sentido de um ato de criação. Ele louva a passagem ou transição do não ser para o ser. Cabe aqui também a sombra daquela imagem arquetípica da ponte, que deu ao pontífice seu nome arcaico e misterioso. O místico que vive o momento em que não há nada exceto Deus contempla de fato, em certo sentido, aqueles princípios sem início, quando realmente não havia nada mais. Além de contemplar tudo, também contempla o nada do qual tudo foi feito. De certa forma, sofre e reage até mesmo à tremenda ironia do Livro de Jó; em certo sentido, está presente no momento em que os alicerces do mundo são assentados, com as estrelas matutinas a cantar e os filhos de Deus clamando em êxtase. Este não é mais que um distante vislumbre da razão pela qual os franciscanos, esfarrapados, sem um tostão, sem casa e visivelmente desamparados, apareceram cantando tais canções da maneira como devem ter surgido das estrelas matutinas, e clamando como filhos de Deus.

Este sentido de imensa gratidão e sublime dependência não era uma frase ou mesmo um sentimento, era em suma o verdadeiro alicerce da realidade. Não era uma fantasia, era um fato; e talvez na verdade todos os fatos são fantasia em comparação com ele. Não é uma ilusão da imaginação afirmar que todos dependemos de Deus nos mínimos detalhes e a todo instante, como diria um cristão, ou que dependemos da existência e da natureza das coisas, como até mesmo um agnóstico diria; ao contrário, este é o fato fundamental, que nós encobrimos com a ilusão da vida cotidiana, como se puséssemos sobre ele uma cortina. Esta vida cotidiana é uma coisa admirável por si só, assim como a imaginação também o é. Mas a vida cotidiana tem muito mais de imaginação do que a vida contemplativa. Aquele que viu o mundo inteiro dependurado por um fio de cabelo à mercê de Deus enxergou a verdade. Podemos até dizer a fria verdade. Aquele que teve a visão de sua cidade de cabeça para baixo, conseguiu vê-la tal como é.

Rossetti[17] em algum lugar faz a observação, mordaz mas bem verdadeira, de que o pior momento para o ateu ocorre quando ele se sente realmente grato e não tem a quem

17 Dante Gabriel Rossetti (1828-1882), poeta, ilustrador e pintor inglês, um dos fundadores da Irmandade Pré-Rafaelita. (N.E.)

agradecer. O oposto dessa proposição também é verdadeiro, e é certo que esta gratidão produziu em tais homens que estamos aqui considerando os momentos de mais puro êxtase que nos é dado conhecer. Assim como o grande pintor pode vangloriar-se de ter combinado todas as cores com habilidade, também é verdade que o grande santo é aquele que soube combinar seus pensamentos com gratidão. Todas as coisas parecem melhores quando têm aparência de presentes. Nesse sentido, o método místico cria uma relação externa muito saudável com todas as coisas. Apesar disso, deve sempre ser lembrado que todas essas coisas passaram definitivamente a um segundo plano em relação ao fato simples da dependência da realidade divina. Embora as relações sociais comuns tenham algo que parece sólido e autossustentado, criando a sensação de que estão bem assentadas e protegidas, e apesar de elas contribuírem para a sanidade, pela segurança que oferecem, e para a segurança, por sua autossuficiência, o homem que viu o mundo pendendo por um fio de cabelo encontra alguma dificuldade em levá-las tão a sério. Mas embora as autoridades e hierarquias seculares, mesmo as superioridades mais naturais e as subordinações mais necessárias, tendam em conjunto a colocar o homem em seu lugar e a certificá-lo de sua posição, o homem que enxergou a hierarquia humana virada de cabeça para baixo encarará sempre essas superioridades com um meio-sorriso. Nesse sentido, a visão direta da realidade divina realmente perturba solenidades que em si são bastante sadias. O místico pode ter acrescentado um cúbito à sua estatura, mas em geral perde algo de seu *status*. Não mais terá certeza a respeito de si mesmo simplesmente pelo fato de ser capaz de verificar sua existência em um cartório de registros ou em uma bíblia familiar. Tal homem terá um pouco da aparência do lunático que perdeu seu nome apesar de preservar sua natureza; que esqueceu de vez que tipo de homem era. "Até esse momento chamei Pietro Bernardone de pai, mas agora sou o servo de Deus".

Todas essas questões profundas podem ser sugeridas em frases curtas e imperfeitas, e a afirmação mais breve que se pode fazer sobre um aspecto dessa iluminação é dizer que ela é a descoberta de uma dívida infinita. Parece um paradoxo dizer que um homem é levado ao êxtase ao descobrir que está em débito. Mas isso é apenas porque nas questões comerciais o credor em geral não compartilha tais enlevos, ainda mais quando a dívida é por hipótese infinita e, portanto, não saldável. Mas aqui, outra vez, o paralelo de uma história de amor natural, da espécie mais nobre, resolve a dificuldade em um instante. Nela o credor infinito compartilha o êxtase com o devedor infinito, pois na verdade ambos são devedores e credores. Em outras palavras, dívida e dependência tornam-se de fato prazeres na presença do amor não maculado. A palavra "amor" é usada livre e abundantemente em simplificações populares como esta, mas aqui a palavra é de fato a chave. É a chave de todos os problemas da moralidade franciscana que deixam perplexa a mente moderna. Mas é, sobretudo, a chave do ascetismo. O paradoxo mais elevado e sagrado é que o homem que realmente sabe que é incapaz de saldar sua dívida estará sempre a pagá-la. Estará sempre devolvendo o que não pode dar de volta, e que não se poderia esperar que devolvesse. Estará sempre atirando coisas fora em um poço sem fundo de incomensuráveis agradecimentos. As pessoas que se julgam modernas demais para compreender isso são na verdade muito egoístas para compreendê-lo. A maioria de nós é egoísta demais para praticar isso. Não somos suficientemente generosos para sermos ascetas – alguém quase poderia dizer que não somos suficientemente geniais para sermos ascetas. O homem deve ter a magnanimidade da entrega, que em geral ele só conhece como um vislumbre no primeiro amor, um vislumbre do nosso Éden perdido. Mas quer ele enxergue isso ou não, a verdade está neste enigma: que o mundo todo tem, ou é, uma coisa boa, e que esta coisa boa é uma grande dívida.

Se algum dia essa espécie rara de amor romântico, que era a verdade sustentada pelos trovadores, sair de moda e passar a ser tratada como ficção, poderemos ter incompreensões similares àquelas com as quais o mundo moderno vê o ascetismo. Pois parece concebível que alguns bárbaros venham a tentar destruir o que há de cavalheiresco no amor, assim como os bárbaros que governam Berlim destruíram o que havia de cavalheiresco na guerra. Se isso chegar a acontecer, teremos a mesma espécie de zombarias ignorantes e de perguntas sem imaginação. Os homens perguntarão então que tipo de mulheres egoístas eram aquelas que exigiam cruelmente ser homenageadas com flores, ou que tipo de criaturas avaras deviam ser elas para exigir ouro puro na forma de um anel, do mesmo modo que perguntam que tipo cruel de Deus é esse que pede sacrifícios e negação de si mesmo. Terão então perdido a chave para interpretar tudo o que os amantes têm dito sobre o amor e não irão entender o que era, porque tal coisa não era algo que se pedisse a alguém para fazer.

Mas queira ou não essas pequenas coisas lancem alguma luz sobre as maiores, é totalmente inútil estudar uma coisa importante como o movimento franciscano dentro desse estado de ânimo moderno que resmunga contra o ascetismo soturno. O ponto principal em relação a São Francisco de Assis é que ele com certeza era asceta e com certeza não era soturno. Assim que se viu desbancado pela gloriosa humilhação de sua visão de dependência do amor divino, entregou-se a jejuns e vigílias exatamente com a mesma febre com que se entregara ao combate, ou seja, deu uma guinada completa no seu cavalo de batalha, mas sem pausa nem alívio na formidável impetuosidade de sua arremetida. Não havia nada de negativo nisso; não era nem regime nem simplicidade estoica de vida. Não era autonegação no sentido de autocontrole. Era tão positivo como uma paixão; tinha todo o ar de algo tão positivo como um prazer. Ele devorou o jejum como um homem devora comida. Mergulhou na pobreza como os homens se lançam enlouquecidamente a cavar ouro. E é justamente a qualidade positiva e apaixonada dessa parte de sua personalidade que desafia a mente moderna diante do problema geral da busca do prazer. Aqui está inegavelmente o fato histórico, e ligado a ele outro fato moral, quase tão inegável. Sem dúvida, ele manteve essa postura heroica ou não natural desde o momento em que saiu de camisola pelos bosques invernais até a hora em que desejou, em sua agonia de morte, ficar deitado nu sobre a terra nua, para provar que não tinha nada e que não era nada. E podemos dizer, quase com a mesma profunda certeza, que as estrelas que passavam acima daquele cadáver esquelético e exaurido estendido sobre um chão rochoso haviam pelo menos desta vez, depois de todos os seus brilhantes ciclos ao redor do mundo desta sofrida humanidade, contemplado lá do alto um homem feliz.

Capítulo VI
O pequeno pobre

Daquela caverna, que era uma fornalha ardente de gratidão e humildade, saiu uma das personalidades mais fortes, estranhas e originais que a história humana conheceu. Era, entre outras coisas, o que chamamos enfaticamente de um personagem, quase da maneira como falamos de um personagem em um bom romance ou peça de teatro. Não apenas um humanista, mas um humorista, especialmente um humorista no antigo sentido inglês de um homem sempre no controle de seu estado de ânimo, seguindo o próprio caminho e fazendo o que ninguém mais teria feito. Os episódios que se contam da sua vida têm uma qualidade biográfica da qual o exemplo mais conhecido é o do Doutor Johnson, e que em outro sentido pertence a William Blake ou a Charles Lamb. A atmosfera só pode ser definida como uma espécie de antítese, na qual o fato é sempre algo inesperado e nunca adequado. Antes que a coisa seja dita ou feita, ela não pode sequer ser conjecturada, mas depois que é dita ou feita afigura-se como bem característica. É surpreendente e, no entanto, inevitavelmente individual. Essa qualidade de repentina adequação e assombrosa coerência é própria de São Francisco, e o é de uma maneira que o destaca da maioria dos homens de seu tempo. As pessoas hoje estão aprendendo cada vez mais a respeito das sólidas virtudes sociais da civilização medieval, mas essas impressões ainda são mais sociais do que individuais. O mundo medieval estava bem à frente do mundo moderno em sua sensibilidade em relação às coisas pelas quais todos os homens estão unidos: a morte, a luz da razão e a consciência comum que confere coesão a uma comunidade. Suas generalizações eram mais razoáveis e saudáveis do que as loucas teorias materialistas de hoje. Ninguém teria tolerado um Schopenhauer em seu desprezo pela vida ou um Nietzsche vivendo apenas por desdém. Já o mundo moderno é mais sensível às coisas pelas quais os homens não estão unidos: as variedades e diferenciações de temperamento que compõem os problemas pessoais de sua vida. Todos os homens capazes de pensar por si compreendem hoje que os grandes escolásticos tinham um tipo de pensamento maravilhosamente claro, mas era como se fosse deliberadamente incolor. Todos concordam hoje que a maior arte do período era a dos edifícios públicos, a arte popular e comunitária da arquitetura. Mas não foi uma era dedicada à arte da pintura de retratos. No entanto, os amigos de São Francisco realmente se esforçaram para deixar um retrato do santo, algo que parecia quase uma caricatura devota e afetuosa. Há neste retrato linhas e cores que são pessoais quase em um nível perverso, se é possível usar a palavra "perversidade" para indicar uma inversão que era também uma conversão.

Mesmo entre os santos, São Francisco tem uma espécie de excentricidade, se é que podemos aplicar essa palavra a alguém cuja excentricidade consistiu em voltar-se sempre ao centro.

Antes de retomar a narrativa de suas primeiras aventuras e da construção da grande irmandade, que foi o início de uma revolução muito misericordiosa, acho adequado concluir aqui este retrato pessoal imperfeito. E depois de ter tentado no capítulo anterior uma descrição do processo, acrescentarei neste aqui uns poucos toques para descrever o resultado. O que chamo de resultado é o homem real, da maneira como se apresentava após as primeiras experiências que o moldaram, o homem que podia ser visto trilhando as estradas italianas com sua túnica marrom amarrada com uma corda. Pois esse homem, amparado pela graça de Deus, é a explicação de tudo o que se seguiu. As pessoas passavam a agir de modo bem diferente, conforme o tivessem conhecido ou não. Se vemos mais tarde um grande tumulto, um apelo ao Papa, multidões de homens em hábitos marrons sitiando as sedes de autoridade, pronunciamentos papais, sessões heréticas, julgamento e triunfal sobrevivência, o mundo preenchido por um novo movimento, frade como uma palavra corriqueira em qualquer canto da Europa, e se perguntamos *por que* tudo isso aconteceu, só podemos chegar perto de alguma resposta à nossa própria questão se conseguirmos, de alguma maneira imaginativa, tímida e indireta, ouvir uma voz humana ou ver um rosto humano sob um capuz. Não há resposta a não ser que Francisco Bernardone havia acontecido, e devemos de alguma forma tentar imaginar o que teríamos visto caso ele acontecesse a nós. Em outras palavras, depois de algumas sugestões incertas a respeito de sua vida a partir do interior, devemos considerá-la de novo a partir do exterior, como se ele fosse um estranho vindo pela estrada em nossa direção, pelas colinas da Úmbria, entre oliveiras ou vinhedos.

Francisco de Assis era uma figura frágil, com aquele tipo de fragilidade que, aliada a uma grande vivacidade, dá a impressão de pequenez. Era provavelmente mais alto do que parecia ser. De estatura mediana, dizem seus biógrafos. Ele sem dúvida era bem ativo e, considerando tudo o que suportou, deve ter sido razoavelmente resistente. Sua pele tinha o tom moreno do sul, com uma barba escura, rala e pontiaguda, como a que aparece nos retratos sob o capuz dos elfos, e seus olhos brilhavam com o fogo que o agitava dia e noite. Existe algo nas descrições de tudo o que ele disse e fez que sugere que ele recorria naturalmente a uma apaixonada pantomima, ainda mais que a maioria dos italianos. Se isso era assim, é certo também que no seu caso, ainda mais do que no da maioria dos italianos, os gestos eram todos de cortesia e hospitalidade. E essas duas coisas, a vivacidade e a cortesia, são os sinais exteriores de algo que o destaca muito peculiarmente daqueles muitos que podem parecer mais do seu tipo do que o são na realidade. Afirma-se com razão que Francisco de Assis foi um dos fundadores do teatro medieval e, portanto, do teatro moderno. Era bem o oposto de uma pessoa teatral no sentido egoico, mas mesmo assim era uma pessoa eminentemente dramática. Esse seu lado pode ser mais bem sugerido tomando o que em geral é visto como uma qualidade tranquilizadora, o que é comumente descrito como amor à natureza. Somos obrigados a usar o termo, mas é sem dúvida o termo errado.

São Francisco não era um amante da natureza. Se o compreendermos bem, veremos que é justamente isso o que ele não foi. Ser amante da natureza implica aceitar o material do universo como um ambiente vago, é uma espécie de panteísmo sentimental. No período do romantismo literário, no tempo de Byron e Scott, era muito fácil imaginar que um eremita nas ruínas de uma capela (de preferência à luz do luar) poderia encontrar paz e um suave prazer na harmonia de solenes florestas e silentes estrelas, enquanto lia algum pergaminho ou volume com iluminuras, meditando sobre alguma natureza litúrgica a respeito da qual o autor tivesse se mostrado vago. Em resumo, o eremita podia amar a natureza como um cenário. Já para São Francisco, nada estava jamais no cenário de fundo. Podemos dizer que sua mente não tinha cenário, exceto talvez a divina escuridão de onde o amor divino convocara as criaturas coloridas, uma por uma. Ele via tudo como dramático, distinto do seu ambiente, não estático como em uma pintura, mas em ação, como em uma peça. Um pássaro passava por ele como uma flecha; era algo com uma história e um propósito, um propósito de vida e não um propósito de morte. Um arbusto podia detê-lo, tanto quanto um salteador; e, no entanto, estava pronto a acolher com prazer tanto um salteador como um arbusto.

Em uma palavra, estamos falando de um homem que não era capaz de enxergar o bosque sem ver as árvores. São Francisco não queria ver o bosque em lugar das árvores. Queria ver cada árvore como uma coisa separada e quase sagrada, uma criatura de Deus e, portanto, um irmão ou irmã do homem. Mas não queria ficar diante de um pedaço de cenário de palco usado meramente como pano de fundo, e com uma rubrica geral: "Cenário: um bosque". Nesse sentido podemos dizer que era dramático demais para o teatro. O cenário teria ganhado vida em suas comédias; as paredes iriam realmente falar como Snout, o Caldeireiro[18] e as árvores iriam realmente andar até Dunsinane[19]. Tudo estaria em primeiro plano e, como tal, sob a luz dos refletores. Tudo seria, em todos os sentidos, personagem. Essa é a qualidade na qual, como poeta, ele é o oposto exato de um panteísta. Ele não chama a natureza de sua mãe; chamou um asno em particular de seu irmão ou um determinado pardal de sua irmã. Se tivesse chamado um pelicano de sua tia ou um elefante de seu tio, como poderia muito bem ter feito, ainda estaria querendo dizer que eram criaturas particulares designadas pelo Criador a lugares particulares, e não meras expressões da energia evolucionária das coisas. É nisso que seu misticismo se aproxima muito do senso comum das crianças. Uma criança não tem dificuldades em compreen-

18 Personagem da peça de Shakespeare *Sonho de uma noite de verão*. (N.T.)
19 Referência a uma fala da peça *Macbeth*, de Shakespeare: "Macbeth só será vencido quando o grande bosque de Birman, subindo a alta colina de Dunsinane, marchar contra ele". (N.T.)

der que Deus fez o cachorro e o gato, embora seja bem consciente de que fazer cachorros e gatos a partir do nada é um processo misterioso, fora do alcance de sua imaginação. Mas nenhuma criança irá entender se você misturar o cachorro e o gato e tudo mais em um monstro com uma miríade de pernas e lhe puser o nome de natureza. Irá achar um animal como esse sem pé nem cabeça. São Francisco era um místico, mas acreditava em misticismo, não em mistificação. Enquanto místico, era inimigo mortal de todas as místicas que borrassem os contornos das coisas e fizessem uma entidade dissolver-se no seu ambiente. Era um místico da luz do dia e das trevas, não do crepúsculo indistinto. Era o contrário daquele tipo de visionário oriental, que é místico só porque é cético demais para ser materialista. São Francisco era enfaticamente um realista, e uso a palavra realista no seu sentido medieval, muito mais real. Nessa questão, era bem mais aparentado ao melhor espírito de sua época, que acabava de superar o nominalismo do século XII. Nisso havia de fato algo de simbólico na arte e na decoração do seu tempo, como na arte da heráldica. Os pássaros e animais franciscanos eram realmente como pássaros e animais heráldicos, não no sentido de serem animais fabulosos, mas no de serem tratados como se fossem fatos, claros e positivos, e não afetados pelas ilusões da atmosfera e da perspectiva. Nesse sentido, ele de fato via um pássaro *sable* em um campo *azure* ou um carneiro *argente* em um campo *vert*. Mas a heráldica da humildade era mais rica que a heráldica do orgulho, pois via todas as coisas que Deus havia dado como algo mais precioso e único do que os brasões que príncipes e seus pares haviam criado para si mesmos. E das profundezas desse desapego ela se ergueu mais alto do que os mais altos títulos da era feudal, do que os louros de César ou a Coroa de Ferro da Lombardia. É um exemplo de extremos que se tocam: o Pequeno Homem Pobre, que havia se despojado de tudo e se autodenominava nada, assumiu o mesmo título que tem sido a bárbara ostentação de vaidade do deslumbrante autocrata asiático, e chamou a si mesmo de Irmão do Sol e da Lua.

Essa qualidade que São Francisco via nas coisas, de terem algo notável e até impressionante, é importante aqui para ilustrar uma característica da sua própria vida. Como via todas as coisas com essa dramaticidade, também se mostrava sempre dramático. Precisamos assumir inteiramente, nem é preciso dizer, que era um poeta, e só poderá ser entendido enquanto poeta. Mas tinha um privilégio poético que é negado à maioria dos poetas. Nesse sentido, pode ser considerado o único poeta feliz entre todos os poetas infelizes do mundo. Um poeta cuja vida inteira foi um poema. Não tanto um menestrel cantando suas próprias canções, mas um dramaturgo capaz de interpretar sua própria peça inteira. O que ele disse tinha mais imaginação do que aquilo que escreveu. O que fez tinha mais imaginação do que aquilo que dizia. Toda a sua trajetória de vida foi uma sequência de cenas nas quais ele teve uma espécie de sorte perpétua em conduzir as coisas até uma bela crise. Falar sobre a arte de viver soa hoje mais artificial do que artístico. Mas São Francisco, em um sentido bem definido, de fato transformou o próprio ato de viver em uma arte, embora uma arte não premeditada. Muitos de seus atos podem parecer grotescos e intrigantes para um gosto racionalista. Mas foram sempre atos e não explicações, e sempre significaram o que tinham a intenção de significar. A imagem espantosamente vívida que ele imprimiu na memória e imaginação da humanidade deve-se em grandíssima medida ao fato de ele ser visto repetidamente em situações tão dramáticas. A partir do momento em que tirou suas vestes e as atirou aos pés do pai até a hora da sua morte, quando se fez estender sobre a terra nua na posição da cruz, sua vida foi feita dessas atitudes inconscientes e desses gestos decididos. Seria fácil encher páginas e páginas de exemplos, mas vou seguir aqui o método que julguei conveniente adotar nas demais partes desse breve esboço e pegar um exemplo típico, detendo-me nele com um pouco mais de detalhe do que poderia fazê-lo em um catálogo extenso, na esperança de tornar o sentido mais claro. O exemplo escolhido ocorreu nos últimos dias de sua vida, mas aponta de modo bastante curioso para os primeiros, e completa a notável unidade desse romance religioso.

A frase sobre sua irmanação ao sol e à lua, à água e ao fogo, é, como se sabe, do seu famoso poema *Cântico das Criaturas* ou *Cântico do Sol*.

Ele o cantou vagando pelas campinas na estação mais ensolarada da sua própria trajetória de vida, quando emanava para o alto, ao céu, todas as paixões de um poeta. É uma obra supremamente característica, e muita coisa a respeito de São Francisco pode ser depreendida dela isoladamente. Embora seja simples e direta como uma balada, contém um sutil sentido de diferenciação. Note, por exemplo, a conotação de sexo nas coisas inanimadas, que vai muito além dos gêneros arbitrários da gramática. Não é sem motivo que ele chamou o fogo de seu irmão, vigoroso, alegre e forte, e a água de sua irmã, pura, clara e casta. Lembremos que São Francisco não sofreu o estorvo nem foi auxiliado por todo aquele politeísmo greco-romano transformado em alegoria, que tem sido inspiração frequente para a poesia europeia, aliás, uma convenção frequente demais. Tenha ele ganhado ou perdido com esse desdém pela erudição, nunca se lhe ocorreu associar Netuno e as ninfas à água ou Vulcano e os Ciclopes ao fogo. Esse ponto ilustra com precisão o que acabamos de sugerir: que longe de ser um resgate do paganismo, o renascimento franciscano foi uma espécie de reinício e um primeiro despertar, depois que o paganismo foi esquecido. E certamente é a isso que se deve seu próprio frescor. De qualquer modo, São Francisco foi, digamos, o fundador de um novo folclore, mas sendo capaz de distinguir suas sereias de seus tritões e suas bruxas de seus bruxos. Em resumo, precisou compor sua própria mitologia, mas soube diferenciar em um relance as deusas dos deuses. Esta sensibilidade fantasiosa para os sexos não é o único exemplo de uma imaginação desse tipo. Vemos exatamente a mesma curiosa felicidade no fato de ele distinguir o sol com um título um pouco mais nobre além do de irmão; uma frase que um rei poderia usar para se referir a outro, e que corresponde a *Monsieur notre frère*. É como uma menção levemente irônica à ilustre primazia que o sol tinha nos céus pagãos. Conta-se que um bispo se queixou quando um não conformista disse Paulo, em vez de São Paulo, e que teria acrescentado: "Ele poderia pelo menos tê-lo chamado de Senhor Paulo". Assim, São Francisco sentiu-se livre de qualquer obrigação de louvar ou temer o Senhor Deus Apolo, mas em seus novos paraísos recém-criados ele o saúda como Senhor Sol. É nessas coisas que ele tem uma espécie de inspirada infantilidade, que só encontra paralelo em histórias para crianças. Também há algo desse receio nebuloso mas saudável na história do Irmão Raposa e do Coelho Quincas, quando se referem respeitosamente ao Senhor Homem.

Este poema, cheio da alegria da juventude e das memórias da infância, percorre a sua vida inteira como um refrão, e fragmentos dele aparecem a toda hora na sua fala habitual. Talvez a última aparição de sua linguagem especial tenha se dado em um incidente que sempre me pareceu muito impressionante, e de qualquer modo ilustra bem a magnificência de modos e gestos a que me refiro. Impressões assim são uma questão de imaginação e, conforme o caso, também de gosto. É ocioso discutir a respeito delas, pois seu ponto principal é que estão além das palavras. E mesmo quando se empregam palavras, elas parecem ser completadas por algum movimento ritual, como uma bênção ou um tapa. Assim, como exemplo extremo, há algo que fica bem além da possibilidade de ser exposto, algo como o movimento amplo e a sombra poderosa de uma mão, que escurece até as trevas do Getsêmani: "Dormi agora, e descansai...". E, no entanto, não faltou gente que tenha começado a parafrasear e expandir a história da Paixão.

São Francisco era um homem moribundo. Poderíamos dizer que era um homem velho à época que este incidente típico ocorreu, mas na verdade era apenas prematuramente velho, pois ainda não tinha cinquenta anos quando morreu, desgastado pela sua vida de luta e jejum. Mas quando voltou do terrível ascetismo e da ainda mais terrível revelação do Alverne, era um homem alquebrado. Como ficará evidente quando esses eventos forem retomados em seu devido tempo, não foram apenas a doença e a deterioração corporal que podem muito bem ter ensombrecido sua vida; ele havia ficado desapontado com sua principal missão, a de pôr fim às Cruzadas por meio da conversão do Islão; havia ficado ainda mais desapontado pelos indícios de concessões e de um espírito mais político ou prático dentro de sua própria ordem. Havia gastado suas últimas energias em protestos. A esta altura, soube que estava ficando cego. Se tivermos conseguido dar aqui a mais leve pista de como São Francisco se sentia em relação à glória e esplendor da terra e do céu, às formas e cores heráldicas e ao simbolismo de pássaros, animais e flores, teremos alguma ideia do que representava para ele ficar cego. E, no entanto, o remédio pode ter parecido pior que a doença. O remédio, reconhecidamente duvidoso, foi cauterizar seus olhos, e isso sem qualquer anestésico. Em outras palavras, foram queimados seus globos oculares com um ferro quente. Muitas das torturas do martírio, que ele invejou nos martirológios e buscou em vão na Síria, não poderiam ser piores. Quando tiraram o ferro em brasa da fornalha, ele levantou como quem faz um gesto de urbanidade e falou como alguém que se dirige a uma presença invisível: "Irmão Fogo, Deus o fez belo e forte e útil; rezo para que seja cortês comigo".

Se existe mesmo uma arte de viver, a meu ver tal momento foi uma de suas obras-primas. Não foram muitos os poetas aos quais foi dado relembrar sua própria poesia em um momento como este, ainda menos viver um de seus próprios poemas. Até mesmo William Blake teria ficado desconcertado se, enquanto estivesse relendo seus nobres versos "*Tiger, tiger, burning bright...*"[20], um tigre vivo de Bengala realmente grande tivesse posto sua cabeça pela janela do chalé em Felpham, visivelmente com toda intenção de abocanhar-lhe a cabeça. Teria vacilado antes de cumprimentá-lo educadamente, mas certamente terminaria calmamente de recitar para o quadrúpede o poema escrito em sua homenagem. Shelley, quando desejou ser uma nuvem ou folha ao vento, teria ficado um pouco surpreso ao ver-se girando lentamente de pernas para o ar trezentos metros acima do oceano. Até mesmo Keats, sabendo que sua ligação com a vida era frágil, teria ficado preocupado ao descobrir que o Hipocrene verdadeiro, aquele que faz enrubescer o rosto, que ele acabara de tomar em abundância, continha na verdade uma droga que o levaria a falecer antes da meia-noite sem dor nenhuma. Para Francisco não havia droga; mas havia muito dor. A primeira coisa em que pensou, porém, foi em uma das primeiras fantasias das canções de sua juventude. Lembrou-se do tempo em que uma chama era uma flor, só que a mais gloriosa e alegremente colorida das flores do jardim de Deus. E quando essa coisa brilhante voltou a ele na forma de um instrumento de tortura, saudou-a de longe como se fosse um velho amigo, chamando-a pelo seu apelido, quando podia com maior verdade tê-la chamado por seu nome de batismo.

Este é apenas um incidente de uma vida cheia deles. E o selecionei em parte porque mostra o que queremos dizer aqui ao nos referirmos à sombra do gesto que há em todas as suas palavras, o gesto dramático do sul. E em parte porque sua especial menção à cortesia está relacionada com o próximo fato que iremos destacar. A sensibilidade popular de São Francisco e sua perpétua preocupação com a ideia de fraternidade serão totalmente mal compreendidas se lhes dermos o sentido do que se costuma chamar de camara-

20 Em tradução livre: Tigre, tigre, queimando abrasador. (N.T.)

dagem, aquele tipo de fraternidade do tapinha nas costas. Com frequência entre os inimigos, mas também muitas vezes entre os amigos do ideal democrático, surgiu a ideia de que esta nota é necessária àquele ideal. Pressupõe-se que a igualdade significa que todos os homens podem ser igualmente descorteses uns com os outros, ao passo que ela obviamente quer dizer que todos os homens sejam igualmente corteses. Essas pessoas esquecem o verdadeiro significado e origem da palavra civilidade ao não perceberem que ser descortês é não ter civilidade. Mas seja como for, não era esta a igualdade que Francisco de Assis incentivava, mas uma igualdade da espécie oposta: a de uma camaradagem realmente baseada na cortesia.

Mesmo naquela fronteira de um mundo de contos de fada de suas fantasias sobre flores e animais e até mesmo sobre coisas inanimadas, ele manteve sua postura, baseada em uma espécie de deferência. Um amigo meu comentou a respeito de alguém dizendo que era o tipo de homem que pede desculpas a um gato. São Francisco teria de fato pedido desculpas a um gato. Uma vez, quando ia pregar em um bosque tomado pelo canto dos pássaros, disse, com um gesto suave: "Pequenos irmãos, se já tiverem dito o que tinham a dizer, permitam que eu também seja ouvido". E todos os pássaros ficaram em silêncio, coisa que, de minha parte, não me custa acreditar. Em deferência ao meu propósito especial de tornar os assuntos inteligíveis à mediana modernidade, tratei em separado a questão dos poderes miraculosos que São Francisco com toda certeza possuía. Mas mesmo pondo à parte quaisquer poderes desse tipo, os homens dessa espécie magnética, com esse interesse tão forte pelos animais, com frequência têm um poder extraordinário sobre eles. O poder de São Francisco era sempre exercido com esta refinada cortesia. Boa parte dela sem dúvida era uma espécie de brincadeira simbólica, uma piedosa pantomima que pretendia transmitir a distinção vital de sua divina missão, ou seja, que ele não só amava como reverenciava

Deus em todas as suas criaturas. Nesse sentido, ele tinha o ar de quem não só pede desculpas ao gato ou às aves, como também a uma cadeira por sentar nela ou a uma mesa por apoiar-se nela. Qualquer um que o tivesse acompanhado pela vida afora com a mera intenção de rir das coisas que fazia, por achá-lo uma espécie de adorável lunático, teria facilmente a impressão de que se tratava de um lunático que cumprimentava cada poste que via pelo caminho ou tirava o chapéu diante de cada árvore com que deparava. Tudo isso era parte de sua inclinação para gestos imaginativos. Ele ensinou ao mundo uma grande parte de sua lição por meio de uma espécie de alfabeto divino para surdos-mudos. Mas se havia esse elemento cerimonial mesmo nas questões mais banais ou menores, sua importância ficava bem maior no trabalho mais sério de sua vida, que era o de um apelo à humanidade, ou melhor, aos seres humanos.

Já disse que São Francisco deliberadamente não deixava de ver as árvores ao contemplar o bosque. É mais verdadeiro ainda que ele não deixava de ver os homens ao olhar para uma multidão. O que distingue este democrata tão genuíno de um mero demagogo é que ele nunca enganou nem se deixou enganar pela ilusão das massas. Qualquer que fosse seu gosto por monstros, nunca viu diante dele uma besta de várias cabeças. Via apenas a imagem de Deus multiplicada, mas nunca monótona. Para ele, um homem era sempre um homem e não desaparecia no meio da densa multidão, não mais do que em um deserto. Ele honrava todos os homens; ou seja, não só amou como respeitou todos eles. O que lhe dava seu extraordinário poder pessoal era isto: que desde o papa até o mendigo, do sultão da Síria em sua tenda aos esfarrapados ladrões que rastejavam pelos bosques, nunca houve um homem que tivesse olhado para aqueles seus olhos castanhos ardentes e não tivesse ficado com a certeza de que Francisco Bernardone estava realmente interessado *nele*, em sua vida interior individual, do berço ao túmulo, de que estava sendo por ele avaliado e levado a sério, e não meramente acrescentado a algum programa social ou à lista de nomes de algum documento clerical. Bem, para esta ideia moral e religiosa não há outra expressão além de "cortesia". A exortação não a expressa, pois não se trata de mero entusiasmo abstrato; beneficência tampouco, pois não estamos diante da mera piedade. Ela só pode ser transmitida por uma atitude grandiloquente que poderíamos chamar de bons modos. Podemos afirmar, se preferirmos, que São Francisco, na franca e destituída simplicidade de sua vida, havia se apegado a um gesto de luxo: os modos de uma corte. Entretanto, enquanto em uma corte temos um rei e centenas de cortesãos, nessa história havia um cortesão, movendo-se entre uma centena de reis. Pois ele tratava uma multidão de homens como se fosse uma multidão de reis. E esta era real e verdadeiramente a única atitude que teria apelo a essa parte do homem à qual ele queria apelar. O mesmo não pode ser feito dando ouro ou mesmo pão; pois é proverbial que qualquer um pode desdenhar a generosidade. Tampouco pode ser feito doando tempo e atenção, pois muitos filantropos e burocratas beneficentes fazem tal trabalho com um desdém horrível e muito mais frio em seus corações. Não há planos ou propostas ou reformas eficientes que possam devolver a um homem alquebrado seu autorrespeito e a sensação de que estão falando com ele de igual para igual. Mas um gesto é capaz disso.

Com tal gesto Francisco de Assis moveu-se entre os homens; e logo ficou evidente que havia nesse gesto algo de magia, e que funcionava, em um duplo sentido, como um encanto. Mas sempre deve ser concebido como um gesto completamente natural, pois na verdade era quase como um gesto de desculpas. Devemos imaginar o santo como alguém que se movia, portanto, apressadamente pelo mundo, com uma espécie de cortesia impetuosa; quase como o movimento de um homem que faz uma genuflexão, que é meio reverência e meio gesto apressado. O rosto ávido sob o capuz marrom era o de um homem sempre indo a algum lugar, como se ele não só observasse mas perseguisse o voo dos pássaros. E essa noção de movimento é na verdade o que dá sentido a toda a revolução que ele fez, pois a obra que iremos descrever agora teve a natureza de um terremoto ou de um vulcão, uma explosão que desencadeou a energia dinâmica de forças armazenadas por dez séculos na fortaleza ou arsenal monástico e que espalhou todas as suas riquezas ousadamente até os confins da terra. Em um sentido melhor do que o comumente transmitido pela antítese, é verdadeiro dizer que o que São Bento havia armazenado São Francisco espalhou. Mas no mundo das coisas espirituais, o que havia sido guardado em celeiros na forma de grãos foi espalhado pelo mundo como sementes. Os servos de Deus, que haviam sido uma guarnição sitiada, tornaram-se um exército em marcha. Parecia que os caminhos do mundo encheram-se com o trovão do tropel de seus passos, e bem adiante dessas hostes sempre crescentes ia um homem cantando. Da mesma maneira simples que havia cantado naquela manhã nos bosques invernais, onde caminhara sozinho.

Capítulo VII
As três ordens

Tem-se geralmente a ideia de que dois constituem companhia e três não. E também outra ideia, segundo a qual três forma um grupo, mas quatro não, como provado pela sucessão de personagens históricos e ficcionais que andam em três, os famosos trios como o dos Três Mosqueteiros ou dos Três Soldados de Kipling[21]. Há ainda outra noção que reza que quatro é um bando e três não, quando a palavra bando é usada no sentido vago de multidão ou massa. Com o quarto homem, portanto, entra a sombra de uma multidão; ou seja, o grupo não consiste mais de três indivíduos concebidos apenas individualmente. Essa sombra do quarto homem caiu sobre a pequena ermida da Porciúncula quando um homem chamado Egídio, ao que parece um pobre trabalhador, foi convidado por São Francisco a entrar. Ele se deu bem com o mercador e com o cônego que já haviam se tornado os companheiros de Francisco, mas a sua chegada fez ultrapassar-se uma linha invisível, pois é provável que por essa época tenha ficado mais claro que o crescimento daquele pequeno grupo se tornara potencialmente infinito, ou pelo menos que o seu contorno ficara indefinido

21 Personagens de uma coleção de contos do escritor britânico Joseph Rudyard Kipling (1865-1936). (N.E.)

de vez. Deve ter sido na época dessa transição que Francisco teve outro de seus sonhos cheios de vozes. Mas agora as vozes eram um clamor de línguas de todas as nações, franceses e italianos e ingleses e espanhóis e alemães, falando da glória de Deus, cada um na sua língua. Um novo Pentecostes. Uma Babel feliz.

Antes de descrever os primeiros passos que Francisco deu para regularizar o grupo em expansão, é bom ter uma compreensão geral de como ele concebeu esse grupo. Ele não chamava seus seguidores de monges, e não sabemos se ele sequer os via como monges, pelo menos nessa época. O nome pelo qual os chamava pode ser traduzido como Frades Menores, mas estaremos mais próximos da atmosfera de sua própria mente se fizermos a equivalência quase literal com Pequenos Irmãos. É de se supor que ele já estivesse decidido a fazê-los tomar os três votos, de pobreza, castidade e obediência, que sempre foram a marca de um monge. Mas parece que ele não tinha tanto receio da ideia de monge quanto da de abade. Seu medo era que as grandes magistraturas espirituais, que conferiam até mesmo aos seus mais santos possuidores no mínimo uma espécie de orgulho impessoal e corporativo, acabassem introduzindo um toque de pompa que poderia corromper aquela sua versão extrema e quase extravagantemente simples da vida humilde. Mas a suprema diferença entre sua disciplina e a do velho sistema monástico dizia respeito, é claro, à ideia de que os monges deveriam tornar-se migratórios e quase nômades, em vez de sedentários. Teriam que se misturar ao mundo. E os monges mais ligados à ordem antiga iriam naturalmente reagir a isso, perguntando o quanto deveriam se misturar ao mundo sem se deixarem capturar em suas garras. Era uma questão bem mais real do que uma religiosidade mais vaga seria capaz de compreender, mas São Francisco tinha sua resposta para isso, uma resposta bem ao seu estilo. E o que a questão tem de mais interessante está nessa sua resposta altamente individual.

O bom Bispo de Assis expressou certo horror ao ver a vida dura que os Pequenos Irmãos levavam na Porciúncula, sem qualquer conforto ou posses, comendo o que conseguiam arrumar e dormindo do jeito que dava, muitas vezes no chão. São Francisco respondeu-lhe com aquela perspicácia maravilhosa que aqueles que não são deste mundo sabem às vezes manejar como se fosse um porrete de pedra. Ele disse: "Se tivéssemos quaisquer posses, precisaríamos de armas e leis para defendê-las". Esta frase é a chave de toda a política que ele defendia. Apoiava-se em um princípio lógico real; e a respeito disso ele sempre foi absolutamente coerente. Dispunha-se a aceitar que estivesse errado em qualquer outra coisa, mas confiava muito que, em relação a esta regra, ele estava certo. Apenas uma vez o viram com raiva, e foi quando surgiu uma conversa sobre abrir uma exceção a essa regra.

Seu argumento era o seguinte: o homem consagrado poderia ir a qualquer lugar e ficar entre qualquer espécie de homens, mesmo entre os da pior espécie, desde que não houvesse nada por onde eles pudessem pegá-lo. Se tivesse quaisquer laços ou necessidades, como os homens comuns, passaria a ser como os homens comuns. São Francisco era o último homem no mundo que poderia pensar mal dos homens comuns pelo fato de serem eles comuns. Eles recebiam de São Francisco maior afeto e admiração do que provavelmente jamais iriam receber. Mas para o seu propósito particular de sacudir o mundo e levá-lo a um novo entusiasmo espiritual, ele viu com clareza lógica – o oposto do fanatismo ou do sentimentalismo –, que os frades não deviam ser como os homens comuns; que o sal não devia perder seu sabor nem mesmo se virasse o alimento cotidiano da natureza humana. E que a diferença entre um frade e um homem comum era que o frade era mais livre. Ele precisava estar livre do claustro, mas era mais importante ainda estar livre do mundo. Um saudável bom senso diz que, em certo sentido, o homem comum não pode ser livre do mundo;

ou melhor, não deve ser livre do mundo. O mundo feudal em particular era um sistema labiríntico de dependência. Mas não foi apenas o mundo feudal que compôs o mundo medieval, nem o mundo medieval sozinho que compôs o mundo inteiro. E o mundo inteiro está coroado por esse fato.

A vida familiar, tanto quanto a feudal, tem a natureza de um sistema de dependência. Os sindicatos modernos, tanto quanto as guildas medievais, são interdependentes a fim de poderem ser independentes do resto. Tanto nos tempos medievais como nos modernos, mesmo nos casos em que essas limitações existem para salvaguardar a liberdade, elas contêm um considerável elemento de acaso. São em parte o resultado das circunstâncias – às vezes, o resultado quase inevitável das circunstâncias. Assim, o século XII tornou-se a era dos votos. E havia algo de relativa liberdade naquele gesto feudal dos votos, pois nenhum homem pede votos de escravos, não mais do que pediria de uma enxada. Além disso, na prática, um homem ia para a guerra em apoio a alguma antiga casa de uma determinada cidade ou a algum grande nobre, em parte por ter nascido naquela cidade ou na região rural daquele grande nobre. Mas nenhum homem precisaria obedecer ao pequeno Francisco em sua velha túnica marrom a não ser que escolhesse isso. Mesmo em relação ao seu líder escolhido, ele estaria relativamente livre, comparado com o mundo em volta dele. Seria obediente, mas não dependente. E era livre como o vento, quase selvagemente livre, em sua relação com aquele mundo do seu entorno – um mundo, como temos assinalado, composto por uma rede de formas de dependência feudais e familiares e de outros tipos. A ideia de São Francisco era que os Pequenos Irmãos deveriam ser como pequenos peixes que pudessem entrar e sair livremente daquela rede. E podiam fazê-lo justamente por serem pequenos peixes e, nesse sentido, peixes escorregadios. Não havia maneira de o mundo segurá-los, pois ele nos prende principalmente pelas bordas de nossas roupas, pelas futilidades exteriores de nossas vidas.

Um dos franciscanos afirmou tempos depois: "Um monge não deve possuir nada a não ser sua harpa", suponho que no sentido de que não deveria valorizar nada exceto sua canção, a canção com a qual desempenhava seu trabalho de menestrel, indo até os castelos e casas fazer sua serenata, a canção da alegria do Criador por sua criação e da beleza da fraternidade dos homens. Ao imaginar a vida desse tipo de vagabundo visionário, podemos já ter um vislumbre também do lado prático desse ascetismo, que desconcerta até aqueles que se consideram práticos. Um homem precisava ser magro para conseguir passar sempre pelas grades de sua jaula. Precisava viajar com pouca bagagem a fim de poder andar rápido e chegar longe. Fazia parte dessa premeditação, digamos assim, dessa inocente esperteza, que o mundo teria que ser vencido e burlado pelo frade e ficar sem saber o que fazer com ele. Você não pode ameaçar um homem de fazê-lo passar fome se o desejo dele é jejuar. Não pode arruiná-lo nem reduzi-lo a um mendigo, pois ele já é um mendigo. Haverá até pouca satisfação em bater nele com um pedaço de pau, pois ele apenas dará pequenos saltos e gritos de júbilo, já que a indignidade é sua única dignidade. E ao pôr uma corda em seu pescoço correrá o risco de colocá-la em torno de uma auréola.

Mas a diferença entre os velhos monges e os novos frades era palpável na questão da praticidade e especialmente da prontidão para agir. As velhas fraternidades, com suas moradias fixas e sua vida reclusa, tinham as limitações das casas de família comuns. Por mais que vivessem com simplicidade, precisavam ter um determinado número de celas ou de leitos ou pelo menos algum espaço para abrigar um certo número de irmãos. Esse número dependia, portanto, do terreno e das edificações disponíveis. No entanto, um homem podia se tornar franciscano simplesmente prometendo viver dos frutos silvestres que encontrasse pelo caminho, mendigando pão em alguma cozinha, dormindo sob os arbustos ou ficando sentado pacientemente no degrau de uma porta; isto é, não havia razão econômica pela qual não se pudesse contar com qualquer número desses excêntricos entusiastas, mesmo que fosse por um período curto de tempo. Vale lembrar ainda que, no seu conjunto, esse rápido desenvolvimento mostrava uma espécie de otimismo democrático que na verdade era parte do caráter de São Francisco. Seu próprio ascetismo em certo sentido era o auge do otimismo. Ele exigia muito da natureza humana não por desprezá-la, mas, ao contrário, por confiar nela. Esperava muito dos extraordinários homens que o seguiam, mas esperava também muito dos homens comuns a quem ele enviava tais homens. Pedia comida aos leigos com a mesma confiança que pedia à sua fraternidade para jejuar. Mas contava com a hospitalidade da humanidade porque via de fato cada casa como o lar de um amigo. São Francisco realmente amou e honrou os homens comuns e as coisas comuns. Podemos até dizer que enviou os homens extraordinários só para estimular os homens a serem comuns.

Esse paradoxo será expresso ou explicado de modo mais exato ao lidarmos com o interessante assunto da Terceira Ordem, que foi projetada para ajudar os homens comuns a serem comuns, mas com uma exultação extraordinária. O ponto em questão é a audácia e a simplicidade do plano franciscano de aquartelar seus soldados espirituais no meio da população, para que agissem não pela força, mas pela persuasão, e até mesmo pela persuasão da impotência. Era um ato de confiança e, portanto, um elogio. E foi muito bem-sucedido, constituindo um exemplo de algo que sempre acompanhou São Francisco, como uma espécie de tato, que tinha a aparência de sorte porque era simples e direto como um raio. Há muitos exemplos em seus contatos pessoais desse tipo de tato sem tato, dessa surpresa causada pelo fato de ir direto ao ponto central da questão. Conta-se que um jovem frade estava sofrendo de surtos de mau humor, entre a depressão e o excesso de humildade, comuns entre jovens e adoradores de heróis. O fato é que enfiara na cabeça que seu herói o odiava ou o desprezava. Podemos imaginar o quanto pessoas diplomáticas no trato social evitariam tais cenas ou exacerbações, com quanta cautela os psicólogos iriam lidar com casos delicados como esse. Mas Francisco de repente foi até o jovem, que, é claro, mostrava-se introvertido e silencioso como um túmulo, e disse: "Não se preocupe com esses seus pensamentos porque você me é muito querido, até mesmo entre aqueles que me são mais caros. Você sabe que é merecedor da minha amizade e companhia; por isso, venha a mim, com confiança, sempre que tiver vontade, e da amizade aprenderá a fé". Do mesmo jeito com que se dirigiu a esse rapaz deprimido, ele falou a toda a humanidade, indo sempre direto ao ponto, sempre parecendo ao mesmo tempo mais certo e mais simples do que a pessoa com a qual estava falando, sempre abrindo sua guarda e indo direto ao ponto. Algo em sua atitude desarmou o mundo, e ninguém jamais iria desarmá-lo de novo dessa maneira. Ele era melhor que os outros homens; era um benfeitor para esses outros homens; ademais, nunca foi odiado. Com ele, o mundo adentrou a igreja por uma porta nova e mais próxima, e por meio da amizade aprendeu a fé.

Foi enquanto o pequeno grupo de pessoas na Porciúncula ainda era reduzido o suficiente para caber em uma pequena sala que São Francisco realizou sua primeira e mais sensacional façanha. Conta-se que havia apenas doze franciscanos no mundo inteiro quando ele decidiu marchar até Roma e fundar a Ordem Franciscana. Pode parecer que esse apelo a um quartel-general tão distante não tenha sido visto como algo necessário na época. Quem sabe fosse possível tentar algo por uma via secundária, recorrendo ao Bispo de Assis e aos clérigos locais. Parece até mais provável que as pessoas imaginassem desnecessário incomodar o supremo tribunal do Cristianismo pelo modo como aquela dúzia de homens escolhidos ao acaso pretendia se autodenominar. Mas Francisco mostrou-se obstinado, como se fosse cego a essa consideração. E essa brilhante cegueira é característica dele. Homem que se satisfazia com pequenas coisas, que até mesmo vivia apaixonado por pequenas coisas, ele, no entanto, nunca sentiu como nós a desproporção entre as coisas pequenas e grandes. Nunca viu essa proporção como nós a vemos, e sim com um vertiginoso senso de desproporção, de fazer a cabeça girar. Às vezes, Francisco parece apenas precariamente definido, como um daqueles mapas medievais em cores vivas, e de repente dá a impressão de estar alienado de tudo, como quem tomou um atalho para a quarta dimensão. Conta-se que uma vez fez uma viagem para entrevistar-se com o imperador, que estava entronizado entre seus exércitos sob a águia do Sacro Império Romano, a fim de interceder pela vida de alguns pequenos pássaros. Era bem capaz de enfrentar cinquenta imperadores para interceder pela vida de um único pássaro. Afinal, começara com dois amigos em sua disposição de converter o mundo islâmico, e foi com apenas onze companheiros que procurou o Papa para pleitear a construção de um novo mundo monástico.

Inocêncio III, o grande Papa, segundo Boaventura[22], andava pelo terraço de São João de Latrão, certamente remoendo as grandes questões políticas que afetavam seu poder, quando de repente apareceu diante dele uma pessoa em trajes de camponês, que ele imaginou ser algum pastor. Parece que se livrou do pastor com a devida rapidez, talvez achando que se tratasse de algum doido. Seja como for, não pensou mais no assunto até que, diz o grande biógrafo de São Francisco, teve naquela mesma noite um estranho sonho. Nele, viu o imenso e antigo templo de São João de Latrão, em cujo alto terraço costumava caminhar com tanta segurança, horrivelmente inclinado e destroçado contra o céu, como se todas as suas cúpulas e torres tivessem cedi-

22 Nascido Giovanni di Fidanza (*c.* 1217/1221-1274), na Itália, foi teólogo, filósofo, membro da Ordem Franciscana e um dos mais importantes biógrafos de São Francisco de Assis. Foi canonizado em 1482. (N.E.)

do por efeito de um terremoto. Então reparou melhor e viu uma figura humana que sustentava tudo aquilo, como se fosse uma cariátide viva. E a figura era a daquele pastor ou camponês esfarrapado, que ele havia dispensado no terraço. Se isso é fato ou fantasia, de qualquer modo é uma representação muito fiel da simplicidade com que Francisco ganhou a atenção e os favores de Roma. Seu primeiro amigo, ao que parece, foi o cardeal Giovanni di San Paolo, que defendeu a ideia franciscana diante de um conclave de cardeais convocado para esse fim. É interessante notar que as dúvidas surgidas em relação à ideia foram principalmente se ela não seria muito severa para a humanidade, pois a Igreja Católica sempre procurou evitar o excesso de ascetismo e seus males. O que eles queriam dizer, especialmente ao objetar que era muito severa, é que era perigosa demais. Pois era esse elemento, que só pode ser chamado de perigo, que marcava a inovação, quando comparamos com instituições mais antigas do mesmo tipo. De fato, em certo sentido o frade era quase o oposto do monge. A velha vida monástica teve o valor de uma trégua, não só ética como econômica. Foi dessa trégua que vieram as obras pelas quais o mundo nunca será suficientemente grato: a preservação dos clássicos, o início do gótico, os sistemas científicos e filosóficos, os manuscritos com iluminuras e o vidro colorido. A questão toda do monge era que o lado econômico estava bem resolvido; sabia onde iria conseguir comida, mesmo que fosse uma comida bem básica. Mas a questão do frade era que ele não tinha garantia de seu alimento. Havia um componente daquilo que mais tarde chamaríamos de romanesco, como ocorre com um cigano ou um aventureiro. No entanto, estava presente também um componente de tragédia potencial, como no caso do vagabundo ou do trabalhador avulso. Assim, os cardeais do século XIII se compadeceram ao ver alguns poucos homens entrando por livre e expontânea vontade naquela condição a que os pobres do século XX são diariamente conduzidos por fria coerção e em que são mantidos pela polícia.

O cardeal San Paolo parece ter argumentado mais ou menos do seguinte modo: talvez seja uma vida dura, mas afinal de contas é a vida que aparentemente está descrita como ideal no Evangelho; façam as concessões que julgarem ajuizadas ou humanas em relação a esse ideal, mas não se comprometam a dizer que os homens *não* devem cumprir esse ideal se tiverem como. Veremos a importância desse argumento quando tratarmos de todo esse elevado aspecto da vida de São Francisco que pode ser chamado de Imitação de Cristo. O resultado da discussão foi que o papa deu sua aprovação verbal ao projeto e prometeu um apoio mais definido, se o movimento ganhasse proporções consideráveis. É provável que Inocêncio, um homem de mentalidade refinada, tivesse poucas dúvidas de que isso fosse acontecer. De qualquer modo, não teve muito tempo para ficar em dúvida: a fase seguinte na trajetória da ordem foi simplesmente a história da adesão de um número cada vez maior de pessoas. E como já assinalado, depois que começou a crescer, por sua natureza a ordem se desenvolveu muito mais rápido do qualquer organização comum, mantida por verbas e em edifícios públicos. Até mesmo o retorno dos doze pioneiros da sua audiência com o papa parece ter sido uma espécie de procissão triunfal. Em um lugar em particular, dizem, toda a população da cidade, homens, mulheres e crianças, compareceu, deixando seu trabalho, bens e casas do jeito que estavam e pedindo para serem incorporados imediatamente ao exército de Deus. Segundo o relato, foi nesta ocasião que São Francisco pela primeira vez vislumbrou a ideia de uma Terceira Ordem, que permitisse aos homens a participação no movimento sem necessidade de abandonarem suas casas e os costumes normais da humanidade. Por enquanto, é mais importante encarar essa história como exemplo da profusão de conversões com as quais ele já enchia as estradas da Itália. Era um mundo de perambulações, com frades perpetuamente indo e vindo por todas as estradas e caminhos, buscando assegurar a qualquer homem que por acaso deparasse com eles que tivesse uma aventura espiritual. A Primeira Ordem de São Francisco entrava para a história.

Para completar aqui este esboço esquemático, daremos uma descrição das ordens Segunda e Terceira, embora tenham sido fundadas mais tarde, em épocas distintas. A Ordem Segunda era uma ordem para mulheres e deve sua existência, é claro, à bela amizade de São Francisco com Santa Clara. Nenhuma outra história despertou tanta confusão e equívocos entre os críticos de outros credos, mesmo os que mais simpatizaram com ela. Isso porque nenhuma história revela tão bem esse teste simples que eu elegi como crucial ao longo desta crítica. O que quero dizer é que o problema desses críticos é que não acreditam que um amor divino pode ser tão real como um amor terreno. Mas a partir do momento em que ele é tratado como real, tão real como um amor terreno, o enigma todo se resolve facilmente. Uma garota de dezessete anos, chamada Clara e pertencente a uma família nobre de Assis, entusiasmou-se pela vida conventual, e Francisco a ajudou a fugir de casa e a aderir a essa vida. Se preferirmos colocar desse modo, ele a ajudou a evadir-se furtivamente e a entrar no convento, desafiando os pais dela, assim como desafiara seu pai. A cena teve de fato muitos elementos de uma fuga romântica, pois Clara escapou por um buraco aberto na parede, correu por um bosque e foi recebida à meia-noite à luz de tochas. Até a senhora Oliphant, em seu excelente e delicado estudo sobre São Francisco, chamou o episódio de "um incidente que dificilmente podemos registrar com satisfação".

Bem, sobre esse incidente só posso dizer o seguinte: se ele fosse realmente uma fuga romântica e a garota tivesse se tornado uma noiva em vez de uma freira, praticamente todo o mundo moderno teria feito dela uma heroína. Se a ação do frade em relação a Clara tivesse sido como a ação do frade em relação a Julieta, todos iriam simpatizar com ela exatamente como simpatizaram com Julieta. Não basta dizer que Clara tinha apenas dezessete anos. Julieta tinha catorze. Nos tempos medievais, as garotas casavam-se e os garotos iam lutar em batalhas nessa idade precoce. E uma garota de dezessete no século XIII com certeza já era velha o suficiente para saber o que fazia. Não pode haver sombra de dúvida, para qualquer pessoa que considere em sã consciência os eventos subsequentes, que Santa Clara realmente sabia o que estava fazendo. Mas a questão de momento é que o romantismo moderno estimula muito esse desafio aos pais quando é feito em nome do amor romântico. Pois sabe que o amor romântico é uma realidade, mas não sabe que o amor divino também é real. Com certeza havia algo a ser dito em favor dos pais de Clara; como havia algo a ser dito em favor de Pietro Bernardone. Portanto, deve ter havido muito a dizer em favor dos Montéquio e dos Capuleto, mas o mundo moderno não quer que seja dito, e não diz. O fato é que se nos dispusermos a assumir por um momento como hipótese o que São Francisco e Santa Clara assumiram o tempo todo como absoluto, ou seja, que existe uma relação divina direta mais gloriosa do que qualquer romance, a história da fuga de Santa Clara é simplesmente um romance com um final feliz. E São Francisco é o São Jorge ou cavaleiro andante responsável por esse desfecho feliz. E ao ver que alguns milhões de homens e mulheres viveram e morreram tratando essa relação como uma realidade, um homem dificilmente poderá ser considerado filósofo se não for capaz nem de tratá-la como hipótese.

De resto, devemos pelo menos supor que nenhum partidário do que é chamado de emancipação das mulheres irá deplorar a revolta de Santa Clara. Com muita verdade, ela, para usar o jargão moderno, decidiu viver a própria vida, a vida que ela mesma queria levar, diferente daquela que as determinações dos pais e os arranjos convencionais a teriam obrigado a viver. Tornou-se a fundadora de um grande movimento feminino que ainda afeta profundamente o mundo, e ocupa seu lugar entre as grandes mulheres da história. Não há evidência de que pudesse ter alcançado essa grandeza ou se mostrado tão útil se tivesse fugido para se casar, ou mesmo se tivesse decidido ficar em casa e aceitar um *mariage de convenance*. Isso qualquer homem sensato poderia muito bem dizer ao considerar a questão meramente de fora. E não tenho nenhuma intenção de tentar considerá-la de dentro. Se um homem questionar se é merecedor de escrever alguma palavra sobre São Francisco, com certeza decidirá usar palavras melhores do que as próprias para falar da amizade entre São Francisco e Santa Clara. Tenho ressaltado com frequência que os mistérios dessa história estão mais bem expressos simbolicamente em certas atitudes e ações silenciosas. E não conheço símbolo melhor do que o encontrado pela feliz lenda popular, que diz que uma noite o povo de Assis ao ver um clarão pensou que as árvores e a casa sagrada estivessem em chamas, e correu para extinguir o incêndio. Mas descobriram que tudo estava tranquilo lá dentro, onde São Francisco dividia o pão com Santa Clara em um de seus raros encontros, e falava sobre o amor a Deus. Seria difícil encontrar uma imagem mais criativa, para tal espécie de paixão totalmente pura e incorpórea, do que o halo resplandecente em volta das figuras inconscientes na colina; uma chama alimentada por nada e inflamando o próprio ar.

Mas se a Segunda Ordem foi o memorial desse amor celestial, a Terceira Ordem foi um memorial igualmente sólido de uma sólida simpatia pelos amores terrenos e pelas vidas terrenas. Todo esse aspecto da vida católica, o das ordens laicas ligadas às ordens clericais, é muito pouco compreendido nos países protestantes. A visão levemente sugerida nestas páginas nunca esteve confinada a monges ou mesmo a frades. Tem sido inspiração para incontáveis multidões de homens e mulheres comuns, casados, vivendo vidas como as nossas só que de maneira totalmente diferente. Aquela glória matinal que São Francisco espalhou pela terra e pelo céu perdura como um brilho solar secreto sob uma multidão de tetos e dentro de infindáveis quartos. Em sociedades como as nossas, nada se sabe sobre essa multidão franciscana de obscuros seguidores; e possivelmente sabe-se menos ainda dos seguidores bem conhecidos que fizeram parte dela. Se imaginarmos passando à nossa frente pela rua um séquito da Terceira Ordem de São Francisco, as figuras famosas irão nos surpreender mais que as figuras desconhecidas. Para nós, seria como o desmascaramento de alguma poderosa sociedade secreta. Veríamos São Luís, o grande rei, senhor da mais alta justiça, cuja balança pende a favor dos pobres. Veríamos Dante coroado de louros, o poeta que na sua vida de paixões cantou louvores à Senhora Pobreza, vestida em seu traje cinza por fora, mas forrado de púrpura e de todas as glórias. Todos os grandes nomes dos séculos recentes, mais racionalistas, seriam revelados; o grande Galvani, por exemplo, pai da eletricidade, o mago que produziu tantos sistemas modernos de estrelas e sons. Um séquito assim tão variado já seria suficiente para provar que São Francisco sempre contou com a simpatia do homem comum, se é que o conjunto da sua própria vida já não deixou isso suficientemente provado.

Na realidade sua vida demonstrou isso, e talvez de maneira mais sutil. Existe, a meu ver, alguma verdade na pista dada por um de seus biógrafos modernos, de que mesmo suas paixões naturais eram singularmente normais e até nobres, no sentido de estarem voltadas para coisas não ilegítimas em si, mas ilegítimas apenas para ele. A ninguém seria menos adequado aplicar a palavra "arrependimento" do que a Francisco de Assis. Embora seu temperamento tivesse muito de romântico, não havia nele o menor indício de sentimentalismo. Não era melancólico o suficiente para isso. Tinha um temperamento vivo e ousado demais para ser perturbado por dúvidas e reconsiderações a respeito da corrida em que estava envolvido, embora se reprovasse muito por não correr mais rápido. Mas pode-se suspeitar que quando lutou contra o demônio, como é obrigado a fazer todo homem que queira merecer ser chamado assim, as tentações sussurradas referiam-se principalmente àqueles instintos saudáveis que ele teria aprovado nos demais; não eram tentações que guardassem qualquer semelhança com aquele paganismo mal pintado que enviou suas demoníacas cortesãs a atormentar Santo Antônio no deserto. Se São Francisco tivesse por acaso cedido, seria aos prazeres mais simples. Era atraído mais para o amor do que para o desejo carnal, e por nada mais tresloucado do que por sinos de casamento. Isso fica sugerido naquela estranha história de como desafiou o demônio fazendo bonecos na neve, e gritando que eles lhe bastavam como esposa e família. E também é sugerido na frase que usou ao declarar que nada lhe garantia estar imune ao pecado, "Ainda posso ter filhos", quase como se sonhasse mais com filhos do que com mulher. E se isso for certo, confere um toque final à verdade sobre seu caráter. Havia nele tanto do espírito da manhã, tanto daquilo que se mostra curiosamente jovem e puro, que nele mesmo o que era ruim era bom. Assim como se dizia de outros que a luz em seu corpo eram trevas, também se pode afirmar desse espírito iluminado que as próprias sombras de sua alma eram luz. O próprio mal só podia manifestar-se nele na forma de um bem proibido. Ele só podia ser tentado por um sacramento.

Capítulo VIII
O Espelho de Cristo

Nenhum homem a quem tenha sido dada a liberdade da fé corre o risco de cair naquela extravagância sub-reptícia em que mais tarde degeneraram alguns franciscanos, os *fraticelli*, ao se concentrarem inteiramente em São Francisco como um segundo Cristo, como um criador de um novo evangelho. Na verdade, qualquer noção nessa linha tornaria um contrassenso cada uma das motivações da vida deste homem, pois ninguém iria exaltar com reverência algo que tivesse o propósito de rivalizar, ou declararia seguir aquilo que tivesse intenção de suplantar. Ao contrário, como veremos mais tarde, este pequeno estudo preferirá insistir que foi na verdade a sagacidade do Papa que salvou o grande movimento franciscano para o mundo inteiro e para a igreja universal, e evitou que definhasse como aquela espécie de seita rançosa e de segunda categoria que é chamada de uma nova religião. Tudo o que está escrito aqui deve ser entendido não só como distinto, mas como diametralmente oposto à idolatria dos *fraticelli*. A diferença entre Cristo e São Francisco era a diferença entre criador e criatura. E com certeza nenhuma criatura jamais foi tão consciente desse colossal contraste como o próprio São Francisco. Mas admitida essa compreensão, é perfeitamente verdadeiro e de vital importância que o Cristo tenha sido o modelo no qual São Francisco buscou inspirar-se; e que em muitos aspectos suas vidas humanas e históricas foram até curiosamente coincidentes; e, principalmente, que comparado à maioria de nós pelo menos, São Francisco é a mais sublime aproximação a seu Mestre, e, mesmo sendo um intermediário e um reflexo, é um esplêndido e, no entanto, misericordioso Espelho de Cristo. E esta verdade sugere outra, que a meu ver mal foi observada, mas que constitui um argumento altamente poderoso para a continuidade da autoridade de Cristo dentro da Igreja Católica.

O cardeal Newman[23] escreveu em sua obra animadamente controversa uma frase que poderia ser um exemplo do que queremos dizer ao afirmar que o credo de Francisco tende à lucidez e à coragem lógica. Ao comentar a facilidade com que é possível fazer a verdade parecer sua própria sombra ou simulação, ele disse: "E se o Anticristo é como Cristo, Cristo, suponho, é como o Anticristo". O mero sentimento religioso pode se sentir agredido pelo final dessa frase, mas ninguém pode objetá-la exceto o lógico que disse que César e Pompeu eram bem parecidos... especialmente Pompeu. O choque será bem menor se eu disser agora, coisa que a maioria de nós esqueceu, que se São Francisco fosse como Cristo, Cristo nessa mesma medida seria como São Francisco. E pretendo destacar aqui que de fato é muito esclarecedor perceber que Cristo era como São Francisco. O que quero dizer é o seguinte: que se os homens deparam com certos enigmas e certos trechos obscuros na história da Galileia, e se encontram esses enigmas também na história de

23 John Henry Newman (1801-1890), sacerdote anglicano inglês convertido ao catolicismo, nomeado cardeal pelo papa Leão XIII em 1879 e beatificado em 2010 pelo Papa Bento XVI. (N.T.)

Assis, isso de fato mostra que houve um segredo transmitido em uma determinada tradição religiosa, e não em outra. Mostra que a arca que foi selada na Palestina teve condições de ser aberta na Úmbria, pois a Igreja é a guardiã das chaves.

Na realidade, porém, se sempre pareceu natural explicar São Francisco à luz de Cristo, não ocorreu a muita gente explicar Cristo à luz de São Francisco. Talvez a palavra "luz" não seja aqui a metáfora mais adequada, mas isso vale também para a metáfora aceita do espelho. São Francisco é o espelho de Cristo do mesmo modo como a lua é o espelho do sol. A lua é bem menor que o sol, mas também está bem mais perto de nós; e, embora seja menos vívida, é mais visível. Exatamente no mesmo sentido, São Francisco está mais próximo e, sendo um mero homem como nós, é por isso mesmo mais imaginável. Ao exigir menos mistério, ele não abre tanto a sua boca, para nós, para nos falar de mistérios. No entanto, na realidade, muitas coisas menores que parecem mistérios na boca de Cristo iriam parecer apenas paradoxos típicos na boca de São Francisco. Parece natural reler os incidentes mais remotos com a ajuda dos mais recentes. É um truísmo dizer que Cristo viveu antes do Cristianismo; ele surge depois como figura histórica. E como figura da história pagã. Quero dizer que o meio em que Ele viveu não era o meio da Cristandade, mas o do velho império pagão, e disso apenas, para não mencionar a distância no tempo, já se depreende que Suas circunstâncias são mais alheias a nós do que as de um monge italiano como esses que podemos encontrar ainda hoje. Suponho que nem o comentário da maior autoridade poderá estar seguro do sentido corrente ou convencional de todas as Suas palavras ou frases na época; de quais delas teriam então parecido uma alusão corriqueira ou uma estranha fantasia. Esse contexto arcaico deixou muitas das suas afirmações como hieróglifos, sujeitas a diversas e peculiares interpretações individuais. No entanto, é verdade para quase todas elas que, se simplesmente as traduzirmos para o dialeto úmbrio dos primeiros franciscanos, irão parecer como quaisquer outras partes da história franciscana; sem dúvida, seriam em certo sentido fantásticas, mas mesmo assim bem familiares. Já houve todo tipo de controvérsia crítica quanto àquela passagem que propõe aos homens olhar os lírios do campo e imitá-los no que se refere a não se preocupar com o dia de amanhã. Os céticos têm se alternado entre dizer que devemos ser verdadeiros cristãos e imitar os lírios e explicar que nos é impossível fazê-lo. Um comunista que também seja ateu geralmente hesitará entre culpar-nos por pregar o que é impraticável ou por não colocarmos isso imediatamente em prática. Não vou discutir aqui a questão ética nem a econômica. Apenasas ressalto que mesmo aqueles que se surpreendem com a afirmação de Cristo raramente hesitariam em aceitá-la se fosse dita por São Francisco. Ninguém se surpreenderia se o ouvisse dizer: "Rogo, pequenos irmãos, que sejais tão sábios como o Irmão Dente-de-Leão ou a Irmã Margarida; pois eles nunca perdem o sono preocupados com o amanhã, e, no entanto, têm coroas douradas como reis e imperadores ou como Carlos Magno em toda a sua glória". Ainda maior intensidade e confusão foi despertada pela orientação de oferecer a outra face e de dar também a capa ao ladrão que rouba a túnica. Está difundida a ideia de que isso é uma referência à maldade da guerra entre as nações, a respeito da qual, no entanto, não é feita nenhuma menção. Se for tomada de modo literal e universal, com muito maior clareza implica a maldade de toda lei e de todo governo. Mas há muitos prósperos pacifistas que ficam bem mais chocados com a ideia de usar a força bruta de soldados contra um poder estrangeiro do que em usar a força bruta da polícia contra um concidadão pobre. Aqui de novo contento-me em assinalar que o paradoxo afigurar-se-ia muito humano e provável se pronunciado por Francisco aos franciscanos. Ninguém se surpreenderia em ler que o Irmão Zimbro correu atrás do ladrão que lhe roubou a capa, implorando que lhe levasse também a túnica, já que foi isso que São Francisco lhe ordenou. Ninguém se surpreenderia se São Francisco dissesse a um jovem nobre, prestes a ser admitido no grupo, que em vez de perseguir um bandido para recuperar seus sapatos, deveria alcançá-lo para presentear-lhe suas meias. Podemos gostar ou não da atmosfera que essas coisas implicam, mas sabemos que tipo de atmosfera elas de fato implicam. Reconhecemos uma nota natural e clara, como a nota de um pássaro, a nota de São Francisco. Há em tais situações algo da sutil zombaria da própria ideia de posse; algo da esperança de desarmar o inimigo pela generosidade; algo da bem-humorada intenção de confundir o mundano com o inesperado; algo da alegria de levar uma convicção entusiástica até um extremo lógico. Mas, de qualquer modo, não teremos dificuldade em reconhecer isso se tivermos algum conhecimento da literatura dos Pequenos Irmãos e do movimento iniciado em Assis. Parece razoável inferir que se foi esse espírito que tornou essas estranhas coisas possíveis na Úmbria, então foi esse mesmo espírito que as tornou possíveis na Palestina. Se conseguimos ouvir a mesma nota inconfundível e sentir o mesmo indescritível sabor em duas situações que estão a tal distância uma da outra, parece natural supor que aquela que está mais distante da nossa experiência se deu como a que está mais próxima. Como a coisa é explicável pela suposição de que Francisco estava falando aos franciscanos, não é irracional sugerir que Cristo também estava falando a algum grupo de devotos que tinha mais ou menos a mesma função que os franciscanos. Em outras palavras, parece apenas natural sustentar, como tem feito a Igreja Católica, que esses conselhos de perfeição eram parte de uma vocação particular para abismar o mundo e despertá-lo. Mas, em todo caso, é importante observar que quando encontramos esses aspectos particulares, com seus encaixes aparentemente fantásticos reaparecendo depois de mais de mil anos, imaginamos que foram produzidos pelo mesmo sistema religioso, que reivindica continuidade e autoridade desde que as tais cenas apareceram pela primeira vez. Quaisquer filosofias repetirão os chavões do Cristianismo. Mas é a antiga Igreja que pode de novo impressionar o mundo com os paradoxos do Cristianismo. *Ubi Petrus ibi Franciscus*[24].

Mesmo assim, se entendemos que foi de fato sob a inspiração de seu divino Mestre que São Francisco realizou esses atos de caridade meramente curiosos ou excêntricos, devemos entender que foi sob a mesma inspiração que ele realizou atos de autonegação e austeridade. Fica claro então que essas parábolas mais ou menos brincalhonas sobre o amor dos homens foram concebidas depois de um estudo detalhado do Sermão da Montanha. Mas é evidente também que ele fez um estudo mais detalhado ainda do silente sermão daquela outra montanha, a que era chamada de Gólgota. Aqui, mais uma vez, ele se ateve à estrita verdade histórica ao dizer que no jejum ou na sofrida humilhação estava tentando fazer algo do que Cristo havia feito, e aqui de novo parece provável que, como a mesma verdade aparece nas duas pontas de uma corrente de tradição, a tradição preservou a verdade. Mas a importância desse fato no momento afeta a próxima fase na história pessoal do próprio homem.

Pois conforme vai ficando mais claro que seu grande projeto comunitário é um fato consumado e que já não corre mais risco de um colapso precoce, conforme fica evidente que já existe uma coisa como a Ordem dos Frades Menores, essa ambição mais individual e intensa de São Francisco emerge cada vez mais. Tão logo ele se assegura de ter seguidores, não se compara mais a eles, aos quais se afigura como um mestre, e sim cada vez mais ao seu próprio Mestre, perante o qual aparece como mero servo. Isso, diga-se de passagem, é uma das conveniências morais e mesmo

24 Onde estiver Pedro, aí estará Francisco. (N.T.)

práticas do privilégio ascético. Qualquer outra forma de superioridade pode ser arrogância.

Mas o santo nunca é arrogante, pois está sempre, por hipótese, na presença de um superior. A objeção a uma aristocracia é que ela constitui um sacerdócio sem um deus. Mas de qualquer modo, a essa altura o serviço com o qual São Francisco se comprometera era, cada vez mais, algo que ele concebia como sacrifício e crucificação. Estava tomado pelo sentimento de que não sofrera o suficiente para merecer sequer ser um distante seguidor do seu Deus sofredor. E essa etapa de sua história pode ser resumida em linhas gerais como a Busca do Martírio.

Era essa a ideia fundamental da sua notável expedição entre os sarracenos na Síria. Havia, sem dúvida, outros aspectos em seu plano que merecem uma consideração mais inteligente do que a muitas vezes recebida. Sua intenção, sem dúvida, era fazer as Cruzadas alcançarem o seu fim nos dois sentidos, ou seja, que chegassem à sua conclusão e que cumprissem seu propósito. Só que ele queria conseguir isso pela conversão e não pela conquista, isto é, por meios intelectuais, e não materiais. É difícil satisfazer a mente moderna, e ela geralmente chama os métodos de Godofredo de bárbaros e os de Francisco de fanáticos. Ou seja, considera qualquer método moral impraticável, mas ao mesmo tempo acusa de imoral qualquer método prático. A ideia de São Francisco não era, porém, nem de longe fanática, nem mesmo necessariamente impraticável. Mas talvez ele visse o problema em termos muito simplistas, já que lhe faltava a erudição de seu grande herdeiro, Ramón Llull, que entendia mais, mas que foi tão pouco entendido como o santo. A maneira com que São Francisco abordou o problema foi de fato bastante pessoal e peculiar, mas isso vale para quase tudo o que ele fez. Era de certo modo uma ideia simples, como a maioria das suas ideias. Mas não era uma ideia tola. Haveria muito a dizer a seu favor e poderia ter sido bem-sucedida. Tratava-se simplesmente de que vale mais a pena criar cristãos do que destruir muçulmanos. Se o Islão tivesse sido convertido, o mundo seria incomensuravelmente mais unido e feliz. Para começar, três quartos das guerras da história moderna nunca teriam ocorrido. Não era absurdo supor que isso pudesse ter sido feito, sem emprego da força militar, por missionários que fossem também mártires. A Igreja conquistara a Europa desse modo e podia conquistar ainda a Ásia ou a África da mesma maneira. Mas mesmo admitindo tudo isso, em outro sentido São Francisco não estava pensando no Martírio como um meio para obter um fim, mas quase como um fim em si, pois para ele o fim supremo era chegar mais perto do exemplo do Cristo. Ao longo de todos os seus dias de envolvimento e inquietação corria o refrão: Ainda não sofri o bastante, ainda não me sacrifiquei o suficiente, ainda não sou merecedor sequer das sombras da coroa de espinhos. Ele vagava pelos vales do mundo procurando a colina que tivesse o perfil de uma caveira.

Pouco antes de sua partida definitiva para o Oriente, foi realizada uma grande e triunfal assembleia da ordem inteira perto da Porciúncula – o chamado Capítulo das Esteiras, devido ao modo como aquele poderoso exército se instalou no campo. Diz a tradição que foi nesta ocasião que São Francisco encontrou São Domingos pela primeira e última vez. Diz ainda que é bastante provável que o espírito prático do espanhol tenha ficado quase estarrecido com a devota irresponsabilidade do italiano, que reunira aquela multidão sem organizar uma intendência. Domingos, o espanhol, como quase todo espanhol, era um homem com mente de soldado. Sua caridade assumiu então a forma prática de provisão e preparação. Mas, à parte as discussões sobre fé que tais incidentes ensejam, ele provavelmente não compreendeu nesse caso o poder da mera popularidade, produzida pela mera personalidade. Em todos esses saltos no escuro, Francisco teve uma extraordinária capacidade de cair em pé. Toda a zona rural acorreu como uma avalanche para fornecer comida e bebida àquela espécie de piquenique piedoso. Camponeses trouxeram charretes com vinho e carne de caça, e nobres andavam por ali fazendo o trabalho de peões. Foi uma vitória, muito real para o espírito franciscano, de uma fé arrojada, não só em Deus, mas também no homem. É claro, há muitas dúvidas e discussões a respeito da história toda e da relação entre Francisco e Domingos. Além disso, a história do Capítulo das Esteiras é contada do ponto de vista dos franciscanos. Mas vale mencionar esse encontro justamente porque foi pouco antes de partir para a sua cruzada sem sangue que São Francisco conheceu São Domingos, tão criticado por se prestar a uma cruzada sangrenta. Não há espaço nesse pequeno livro para explicar como São Francisco, tanto quanto São Domingos, teria em última instância se disposto a defender pelas armas a unidade cristã. Na verdade, seria preciso uma obra imensa e não um livreto para desenvolver apenas esse ponto a partir de seu princípio. Pois a mente moderna é um vazio no que se refere à filosofia da tolerância; e o agnóstico médio dos tempos recentes não tem a menor ideia do que está dizendo ao falar de liberdade e igualdade religiosas. Ele toma sua ética como um axioma e a impinge tanto à decência como ao erro da heresia adamita. E depois fica muito chocado ao ouvir que outros, muçulmanos ou cristãos, estão tomando a ética *deles* como axioma e impingindo-a tanto à reverência como ao equívoco da heresia ateísta. E então, como conclusão, pega todo esse impasse ilógico e tendencioso, mistura do inconsciente com o não conhecido, e passa a considerá-lo como liberalidade da própria mente. Os homens medievais achavam que se um sistema social se baseava em certa ideia, ele deveria lutar por essa ideia, fosse ela simples como o Islã ou cuidadosamente equilibrada como o Catolicismo. Os homens modernos de fato pensam a mesma coisa, como fica claro quando os comunistas atacam suas ideias de propriedade. Só que não pensam com tanta clareza, pois ainda nem formularam direito sua ideia de propriedade. Mas, embora seja provável que São Francisco tenha concordado relutantemente com São Domingos em que uma guerra pela verdade seria justa como último recurso, é certo que São Domingos concordou entusiasticamente com São Francisco em que era muito melhor vencer pela persuasão e pelo esclarecimento se isso fosse possível. São Domingos dedicou-se muito mais a persuadir do que a perseguir, mas havia uma diferença nos métodos, simplesmente porque havia uma diferença entre os homens. Em tudo o que São Francisco fez sempre houve algo em boa medida infantil, e também em certa medida obstinado. Ele se atirava às coisas de modo abrupto, mal elas acabavam de lhe passar pela cabeça. Lançou-se à sua empresa mediterrânea como se fosse um garoto de escola ansioso para se atirar no mar.

No primeiro ato dessa tentativa, bem ao modo dele, distinguiu-se por virar o santo padroeiro dos passageiros clandestinos. Não esperou por apresentações ou negociações ou por qualquer manifestação do considerável apoio que já tivera de pessoas ricas e responsáveis. Simplesmente viu um barco e se atirou dentro dele, como se atirava em qualquer outra coisa. Tudo tinha para ele o aspecto de uma corrida, de modo que sua vida pode ser lida como uma aventura ou até mesmo literalmente como uma fuga. Acomodou-se quieto, como um traste a mais no meio da carga, junto com um companheiro que arrastara consigo em sua precipitação. Mas a viagem foi cheia de contratempos e terminou com seu retorno forçado à Itália. Parece que foi depois dessa primeira tentativa malsucedida que aconteceu a grande reunião da Porciúncula, e entre ela e a viagem final à Síria houve ainda uma tentativa de enfrentar a ameaça muçulmana por meio de uma pregação aos mouros na Espanha. Lá, vários dos primeiros franciscanos já haviam conseguido a glória do martírio. Mas o grande Francisco ainda vagava de braços estendidos ansiando alcançar tais tormentos e desejando em vão aquela agonia. Ninguém estaria mais disposto do que ele a afirmar que era menos parecido com o Cristo do que aqueles que já haviam encontrado seu Calvário, mas isso continuou com ele como um segredo, o mais estranho dos sofrimentos do santo.

Sua viagem posterior foi mais bem-sucedida no que se refere a acessar o teatro das operações. Chegou até o quartel-general da Cruzada, diante da cidade sitiada de Damietta, e seguiu em frente no seu estilo rápido e solitário à procura do quartel-general dos sarracenos. Ele conseguiu uma entrevista com o sultão, e foi nesta entrevista que ele se dispôs (e, segundo alguns, de fato o fez) a lançar-se às chamas, como uma provação divina, desafiando os mestres religiosos muçulmanos a fazer o mesmo. Não há dúvida de que não teria hesitado um momento em fazê-lo. Em todo caso, atirar-se ao fogo não era mais desesperado do que se lançar em meio às armas e engenhos de tortura de uma horda de maometanos fanáticos e pedir que renunciassem a Maomé. Além disso, conta-se que os muftis maometanos mostraram certa frieza em relação ao desafio proposto, e que um deles silenciosamente se retirou enquanto o assunto era discutido, o que também parece plausível. Mas seja qual for a razão, Francisco voltou tão livremente como veio. Pode ter havido na história algo da impressão individual produzida no sultão, que o narrador descreve como uma espécie de conversão secreta. Talvez haja algum fundamento na sugestão de que o santo homem se sentiu inconscientemente protegido no meio daqueles semibárbaros orientais pela auréola de santidade que as pessoas em tais lugares atribuem aos tolos. E provavelmente tanto ou mais na generosa explicação daquela cortesia e compaixão educada, embora imprevisível, que se mistura com atitudes mais selvagens naqueles magníficos sultões do estilo e da tradição de Saladino. Por fim, talvez também haja fundamento na sugestão de que a história de São Francisco pode ser interpretada como uma espécie de tragicomédia irônica, que poderia ter por título "O homem que não conseguia ser morto". As pessoas gostavam dele demais por aquilo que era para fazê-lo morrer por sua fé; e na verdade estavam acolhendo o homem, não sua mensagem. Mas tudo isso são apenas suposições convergentes sobre um grande esforço que é difícil de julgar, pois fracassou precocemente em seu intuito de ser o início de uma grande ponte, que poderia ter unido Oriente e Ocidente e permanece como um dos grandes "poderia-ter--sido" da história.

Enquanto isso, o movimento na Itália dava passos de gigante. Apoiado agora pela autoridade papal assim como pelo entusiasmo popular, e criando uma espécie de camaradagem entre todas as classes, Francisco deu início a um grande surto de reconstrução em todos os aspectos da vida religiosa e social, que começou a se expressar especialmente naquele entusiasmo por construções que é a marca de todos os renascimentos na Europa Ocidental. Houve a notável criação, em Bolonha, de uma magnífica casa missionária dos Frades Menores. E um vasto corpo deles e de seus simpatizantes rodeou-a com um coro de aclamação. Tal unanimidade, no entanto, sofreu uma estranha ruptura. No meio daquela multidão, surgiu um homem solitário que de repente denunciou o edifício como um tempo babilônico, perguntando indignado desde quando a Senhora Pobreza podia ser insultada daquela forma com o luxo de palácios. Era Francisco, uma figura espantosa, voltando de sua Cruzada no Oriente. E foi a primeira e a última vez que ele falou irado aos seus filhos.

Mais adiante comentaremos essa séria divergência de sentimentos e política que levou muitos franciscanos, e em certa medida o próprio Francisco, a se afastarem da política mais moderada que veio a prevalecer. Aqui precisamos apenas ressaltá-la como outra sombra que se abateu sobre seu espírito após o desapontamento que ele teve no deserto, e em certo sentido como o prelúdio da fase seguinte de sua trajetória, que é a mais isolada e misteriosa. É verdade que tudo o que se refere a esse episódio parece coberto por uma nuvem de discussões, a respeito inclusive de sua data. Alguns escritores colocam-na bem antes na narrativa. Mas quer ela tenha sido ou não anterior cronologicamente, com certeza do ponto de vista lógico foi a culminação da história, e é melhor indicá-la aqui. Digo indicá-la, pois faremos pouco mais que uma indicação, já que se trata de um mistério tanto no mais elevado sentido moral como no mais trivial sentido histórico. Seja como for, as condições do episódio parecem ter sido essas. Francisco e um jovem companheiro, em suas andanças comuns depararam com um grande castelo, todo iluminado pelas festividades em que um filho daquela casa recebia a honraria de ser consagrado cavaleiro. Entraram com seu estilo gracioso e casual naquela mansão aristocrática, que derivava seu nome do Monte Feltro, e começaram a transmitir sua boa nova. Pelo menos algumas pessoas ouviram o santo "como se fosse um anjo de Deus", entre eles um cavalheiro chamado Orlando de Chiusi, dono de muitas terras na Toscana e que ofereceu a São Francisco uma cortesia singular e de certo modo pitoresca. Deu-lhe uma montanha, algo único entre os presentes deste mundo. Presume-se que a regra franciscana, que proibia um homem de aceitar dinheiro, não previra nada mais detalhado a respeito de aceitar montanhas. E São Francisco aceitou o presente do jeito que aceitava tudo, como uma conveniência temporária mais do que como um bem pessoal. Entretanto, transformou-a em uma espécie de refúgio para a sua vida de eremita, mais do que para a monacal. Retirava-se lá quando queria uma vida de oração e jejum, coisa que não pedia nem aos seus amigos mais próximos. A montanha era o Alverne, nos Apeninos, e no seu pico repousa para sempre uma nuvem escura que tem um contorno ou auréola de glória.

Talvez nunca se saiba exatamente o que aconteceu lá. Acredito que a questão tem sido assunto de discussão entre os mais devotos estudantes da vida dos santos, assim como entre tais estudiosos e outros de tipo mais secular. Talvez São Francisco nunca tenha falado a ninguém sobre esse assunto. Seria bem típico dele, e de qualquer modo é certo que falou bem pouco a respeito. Penso que, ao que se sabe, só falou disso com um homem. Embora aceite essas dúvidas verdadeiramente sagradas, confesso que para mim esse relato solitário e indireto que chegou a nós se parece bastante com algo real, algo daquelas coisas que são mais reais do que as que compõem o que chamamos de realidades cotidianas. Mesmo algo assim dúbio e expresso em uma imagem espantosa passa a impressão de uma experiência que de fato impacta os sentidos, como aquela passagem do Apocalipse sobre as criaturas sobrenaturais cheias de olhos. Segundo o que se conta, São Francisco contemplou o céu acima dele e o viu ocupado por um grande ser alado, um serafim, estendido como uma cruz. Há um certo mistério quanto à figura alada – se estaria crucificada (ou na postura de crucificação) ou se apenas teria em sua estrutura de asas algum crucifixo colossal. Mas parece que houve algum questionamento da primeira impressão, já que São Boaventura diz claramente que São Francisco duvidou de que um serafim pudesse ser crucificado, pois esses tremendos e veneráveis principados estavam livres da enfermidade da Paixão. São Boaventura sugere que a aparente contradição talvez quisesse dizer que São Francisco estava prestes a ser crucificado como um espírito, já que não podia ser crucificado como homem. Seja qual for o significado da visão, sua ideia geral é bem vívida e impressionante. São Francisco viu acima dele, preenchendo todo o céu, algum grande poder imemorial e inimaginável, antigo como o Ancião de Dias[25], cuja placidez os homens haviam concebido sob a forma de touros alados ou querubins monstruosos, e toda aquela maravilha alada estava em dores como um pássaro ferido. Esse sofrimento seráfico, dizem, atravessou sua alma com uma espada de pesar e piedade. Pode-se inferir que alguma espécie de crescente agonia acompanhou

25 Referência a Deus no Livro de Daniel. (N.E.)

seu êxtase. Por fim, de algum modo a revelação desapareceu do céu e a agonia que ele sentia amainou. O silêncio e o ar natural preencheram o lusco-fusco da manhã e se assentaram aos poucos nos precipícios purpúreos e nos abismos fendidos dos Apeninos.

A cabeça do solitário homem reclinou-se, em meio a todo aquele repouso e quietude na qual o tempo escoa e cria a sensação de algo concluído e completo. E ao olhar para baixo, São Francisco viu as marcas dos cravos em suas próprias mãos.

Capítulo IX
Milagres e morte

A extraordinária história dos estigmas de São Francisco, com a qual se encerrou o capítulo anterior, foi de certo modo o fim de sua vida. Em um sentido lógico, teria sido o fim mesmo que tivesse acontecido no início. No entanto, tradições mais exatas colocam-na em uma data posterior e sugerem que os dias restantes do santo na terra tiveram algo do perdurar de uma sombra. Quer São Boaventura estivesse certo em sua sugestão de que São Francisco vira naquela revelação seráfica quase um grande espelho da própria alma, capaz de sofrer pelo menos como um anjo ainda que não como um deus, quer ela expressasse sob uma imagética mais primitiva e colossal do que a arte cristã comum o paradoxo primordial da morte de Deus, é evidente, a julgar por suas consequências tradicionais, que ela teve a intenção de ser um coroamento e um selo. Parece que foi depois dessa visão que Francisco começou a ficar cego.

Mas o incidente tem outro lugar, bem menos importante, nesse esboço tosco e limitado. Ele oferece a oportunidade de considerar breve e coletivamente todos os fatos ou fábulas de outro aspecto da vida de São Francisco – um aspecto que é, não diria mais contestável, mas com certeza mais contestado. Refiro-me a toda aquela massa de testemunhos e de tradição que diz respeito aos seus poderes milagrosos e experiências sobrenaturais, com os quais teria sido fácil ornar e embelezar cada página da sua história. Só que certas circunstâncias necessárias às exigências desta narrativa tornaram preferível reunir meio às pressas todas essas joias em uma só pilha.

Adotei aqui essa linha a fim de poder tecer considerações sobre um preconceito. Trata-se em grande medida de um preconceito do passado, em franca extinção nesses dias de maior esclarecimento, e especialmente de maior gama de experimentos científicos e de conhecimento. Mas é um preconceito que persiste em muitas das velhas gerações e ainda comparece em muitas das mais novas. Refiro-me, é claro, àquela crença de que "milagres não existem", como acho que Matthew Arnold a chamou, quando expressou o ponto de vista de tantos dos nossos tios e tios-avós vitorianos. Em outras palavras, trata-se do vestígio daquela simplificação cética pela qual alguns filósofos do início do século XVIII popularizaram a impressão (que durou um período bem curto) de que havíamos descoberto as leis do cosmos, como se este fosse um mecanismo de relógio, e um relógio tão simples que permitia distinguir quase de relance o que podia ou não ter acontecido na experiência humana. Deve ser lembrado aqui que aqueles céticos verdadeiros, da era de ouro do ceticismo, desdenhavam tanto as primeiras fantasias da ciência como as duradouras lendas da religião. Voltaire, ao saber que haviam encontrado um fóssil de peixe nos picos dos Alpes, riu muito da história e disse que algum monge ou eremita em jejum devia ter jogado seus ossos de peixe por ali, quem sabe a fim de perpetrar outra fraude monacal. Todos sabem a esta altura que a ciência já se vingou do ceticismo. A fronteira entre o crível e o incrível não só se tornou de novo tão vaga como em qualquer crepúsculo bárbaro, como o que é crível está em óbvia expansão ao passo que o incrível encolhe. Um homem na época de Voltaire não sabia qual seria o próximo milagre que teria de descartar. Um homem do nosso tempo não sabe qual será o próximo milagre que terá de engolir.

Mas muito antes que tais coisas tivessem acontecido, naqueles dias da minha juventude, quando vi pela primeira vez a figura de São Francisco bem à distância e mesmo assim me senti atraído por ela, naqueles dias vitorianos que separavam com rigor as virtudes dos santos dos seus milagres – mesmo naqueles dias não tinha como não me sentir vagamente desconcertado a respeito de como esse método era aplicado à história. Mesmo naquela época eu não compreendia bem, e até agora não chego a compreender, que princípio deveria ser adotado para fazer uma meticulosa seleção entre as narrativas do passado, que parecem ser todas uma peça só. Todo o nosso conhecimento de determinados períodos históricos, e principalmente de todo o período medieval, apoia-se em algumas narrativas interligadas, escritas por pessoas, muitas delas anônimas, e todas elas já mortas, que não temos como interrogar e que em alguns casos tampouco podemos corroborar. Nunca ficou claro para mim qual seria a prerrogativa pela qual os historiadores aceitaram as massas de detalhes dessas pessoas como definitivamente verdadeiras, e de repente negaram sua veracidade quando depararam com um detalhe sobrenatural. Não me queixo de que sejam céticos. O que me intriga é por que tais céticos não são mais céticos ainda. Posso entender quando dizem que esses detalhes só poderiam ter sido incluídos em uma narrativa por lunáticos ou mentirosos, mas nesse caso a única inferência é que as narrativas foram escritas por mentirosos ou por lunáticos. Eles podem dizer, por exemplo: "O fanatismo dos monges não encontrou dificuldades para difundir o relato de que já estavam ocorrendo milagres no túmulo de Thomas Becket". Por que não dizem igualmente: "O fanatismo dos monges não encontrou dificuldades para difundir a calúnia de que quatro cavaleiros da corte do rei Henrique haviam assassinado Thomas Becket na catedral"? Poderiam escrever algo como: "A credulidade da época prontamente acreditou que Joana d'Arc estava sob influência divina quando identificou o Delfim apesar de ele estar disfarçado". Por que não escrevem, segundo o mesmo princípio: "A credulidade da época foi tal que permitiu supor que uma obscura camponesa era capaz de obter uma audiência na corte do Delfim"? E, portanto, no nosso caso, quando eles nos contam que existe uma história maluca segundo a qual São Francisco se atirou nas chamas e saiu ileso, qual seria exatamente o princípio que os impede de nos contar também a história maluca de que São Francisco invadiu o acampamento dos ferozes muçulmanos e voltou são e salvo? Só pergunto para me informar, pois não consigo ver por mim mesmo a razão disso. Garanto que todos os contemporâneos de São Francisco que escreveram a respeito dele eram capazes de acreditar e de contar uma história milagrosa. Talvez sejam todas elas fábulas monacais e nunca tenha existido nenhum São Francisco ou São Thomas Becket ou Joana d'Arc. Isso é, sem dúvida, uma *reductio ad absurdum*; mas uma *reductio ad absurdum* de uma visão que considerava todos os milagres como absurdos.

E em lógica abstrata esse método de seleção levaria aos maiores absurdos. Uma história intrinsecamente impossível significaria apenas que a autoridade que a produziu não era merecedora de crédito. Não poderia significar que outras partes da sua história mereceriam ser encaradas com total credulidade. Se dissermos que vimos um homem de calça amarela, que de repente deu um salto e mergulhou dentro da própria garganta, não deveríamos ter que jurar sobre a Bíblia ou ser queimados na fogueira pela afirmação de que ele usava calças amarelas. Se alguém afirma que subiu em um balão azul e descobriu que a lua é feita de queijo verde, não deveríamos pedir uma declaração juramentada de que o balão era de fato azul, não mais que uma outra de que a lua era de fato verde. A conclusão realmente lógica de lançar dúvidas em todos os relatos, como os milagres de São Francisco, era lançar dúvidas sobre a existência de homens como São Francisco. E houve de fato um momento moderno, uma espécie de alta maré de ceticismo insano, em que esse tipo de coisa era realmente dito ou feito. As pessoas costumavam andar por aí dizendo que não existiu nenhum São Patrício, o que é o mesmo erro clamoroso, humano e histórico, que dizer que não existiu nenhum São Francisco. Houve um tempo, por exemplo, em que a loucura pela explanação mitológica dissolveu uma grande parte da história concreta sob o calor e esplendor universal e exuberante do Mito Solar. Acredito que esse sol particular já se pôs, mas surgiram muitas luas e meteoros em seu lugar.

São Francisco, é claro, comporia um Mito Solar magnífico. Como é que alguém poderia perder a oportunidade de ser um Mito Solar sendo na verdade mais conhecido por um poema chamado *O Cântico do Sol*? É supérfluo assinalar que o fogo na Síria seria o amanhecer no Oriente e as chagas vertendo sangue na Toscana o pôr do sol no Ocidente. Poderia expor essa teoria estendendo-a bem mais; só que, como ocorre com frequência com esses admiráveis teóricos, outra teoria mais promissora me vem à mente. Não entendo como é que ninguém, inclusive eu, percebeu que a história toda de São Francisco tem uma origem totêmica. É, sem dúvida nenhuma, um relato que simplesmente transborda de totens. Os bosques franciscanos estão tão repletos deles como qualquer fábula de peles-vermelhas. Francisco chama a si mesmo de asno, porque no mito original Francisco era o nome dado ao burrico real de quatro patas, que depois evoluiu obscuramente até se tornar um deus ou herói semi-humano. E sem dúvida era por isso que eu costumava sentir que o Irmão Lobo e o Irmão Pássaro de São Francisco eram de algum modo como o Irmão Raposa e a Irmã Vaca do Tio Remus. Alguns dizem que há um estágio de inocência na infância no qual acreditamos que uma vaca falou ou que uma raposa fez um boneco de piche. Talvez exista um período inocente do crescimento intelectual no qual acreditamos que São Patrício é um Mito Solar ou São Francisco um Totem. Mas para a maioria de nós, essas fases do paraíso já passaram.

Conforme irei sugerir em seguida, existe um sentido no qual podemos, por razões práticas, distinguir entre coisas prováveis e improváveis em tal história. Não é tanto uma questão de crítica cósmica sobre a natureza do evento e sim de crítica literária sobre a natureza da história. Algumas histórias são contadas muito mais a sério do que outras. Mas, à parte isso, não devo tentar fazer aqui nenhuma diferenciação mais nítida entre elas. Não devo fazer isso por uma razão prática que afeta a utilidade do procedimento. Refiro-me ao fato de que, em um sentido prático, essa questão toda está de novo no cadinho do qual muitas coisas podem sair na forma daquilo que o racionalismo chamaria de monstros. Os pontos fixos da fé e da filosofia na verdade permanecem sempre os mesmos. O fato de um homem acreditar que o fogo em um determinado caso pode deixar de queimar depende da razão pela qual ele acredita que o fogo geralmente queima. Se ele queima nove entre dez achas porque é a sua natureza ou destino fazer isso, então ele vai queimar também a décima acha. Se ele queima nove achas porque é desejo de Deus que ele faça isso, então talvez seja o desejo de Deus que a décima acha não se queime. Ninguém pode deixar de considerar essa diferença fundamental quanto à razão das coisas. E é tão racional para o crente acreditar em milagres como é para um ateu desacreditar deles. Em outras palavras, existe apenas uma razão inteligente pela qual um homem não acredita em milagres e é ele acreditar no materialismo. Mas esses pontos fixos da fé e da filosofia são coisas para uma obra teórica e não têm lugar aqui. E sobre a questão da história e da biografia – as quais, essas sim, têm seu lugar aqui – não há nada de fixo. O mundo agita-se entre o possível e o impossível, e ninguém sabe qual será a próxima hipótese científica que virá em apoio a alguma superstição antiga. Três quartos dos milagres atribuídos a São Francisco já poderiam ser explicados pelos psicólogos, não como um católico os explicaria, mas como um materialista deve necessariamente se recusar a explicá-los. Existe todo um departamento dedicado aos milagres de São Francisco. Os milagres de cura. Mas o que um cético arrogante iria ganhar ao descartá-los como impensáveis, nesse momento em que a cura pela fé já se tornou nos Estados Unidos um grande negócio, como ocorre com o Circo Barnum? Há outro departamento, análogo àquelas histórias de Cristo "percebendo os pensamentos dos homens". Qual o sentido de censurá-las e suprimi-las por serem tachadas de "milagres" quando a leitura de pensamentos já virou um jogo de salão, como a dança das cadeiras? Há ainda outro departamento, que deveria ser estudado em separado se tal estudo científico fosse possível: o das bem atestadas maravilhas operadas a partir das relíquias de santos e fragmentos de seus objetos pessoais. Qual o sentido de rejeitar tudo isso como inconcebível, quando até mesmo esses truques mediúnicos comuns de salão recorrem sempre a tocar algum objeto familiar ou segurar na mão algum objeto pessoal? Não acredito, é claro, que esses truques sejam do mesmo tipo das boas obras dos santos, exceto talvez no sentido do *Diabolus simius Dei*[26]. Mas não se trata aqui do que eu acredito e por quê, mas daquilo que o cético desacredita e por quê. E a moral da história para o biógrafo e para o historiador é que eles devem esperar até que as coisas se assentem um pouco mais, antes de afirmar que desacreditam de alguma coisa.

Isto posto, um biógrafo ou historiador pode escolher entre dois caminhos, e não foi sem hesitação que escolhi aqui um deles. O caminho melhor e mais sólido seria contar a história toda de forma direta, com milagres e tudo, como os historiadores originais fizeram. E é a esse caminho mais simples e saudável que os novos historiadores

26 O Diabo imita Deus. (N.T.)

provavelmente terão de voltar. Mas deve ser lembrado que este livro é confessadamente apenas uma introdução a São Francisco ou ao estudo de São Francisco. Aquele que precisa de uma introdução é por natureza alguém que desconhece o assunto. Com tal pessoa, o objetivo será garantir que antes de mais nada ela ouça São Francisco, e para isso é perfeitamente legítimo arranjar a ordem dos fatos de modo que aqueles que sejam familiares venham antes dos que não o são, e aqueles que possam ser entendidos prontamente, antes dos que apresentam dificuldades de compreensão. Eu já me sentirei muito grato se este esboço breve e superficial contiver uma linha ou duas que atraiam os homens ao estudo de São Francisco. E se iniciarem esse estudo, logo descobrirão que a parte sobrenatural da história parece tão natural como o resto. Mas era necessário que o meu perfil do santo fosse o de um mero ser humano, já que eu estava apenas apresentando essa figura à humanidade, incluindo a humanidade cética. Portanto, adotei o caminho alternativo, de mostrar primeiro que ninguém, exceto um perfeito idiota, poderia deixar de perceber que Francisco de Assis foi um ser humano histórico muito real, e depois resumir brevemente neste capítulo os poderes sobre-humanos que constituem certamente uma parte dessa história e da história da humanidade. Só falta dizer algumas palavras sobre certas distinções que podem razoavelmente ser observadas no assunto por qualquer homem, seja qual for seu ponto de vista. Que ele não confunda o propósito e o clímax da vida do santo com as fantasias ou rumores que foram apenas adereços de sua reputação.

Existe uma quantidade tão grande de lendas e anedotas sobre São Francisco de Assis, e há tantas compilações admiráveis que cobrem praticamente todas elas, que fui levado dentro desses estreitos limites a procurar uma abordagem relativamente estreita, ou seja, seguir uma linha de explanação e mencionar apenas alguma anedota aqui e ali, a fim de ilustrá-la. Se isso é verdade para todas as lendas e episódios, é especialmente verdadeiro para as lendas miraculosas e para as histórias sobrenaturais. Se fôssemos relatar algumas histórias do jeito que são contadas, ficaríamos com a perplexa impressão de que a biografia contém mais eventos sobrenaturais do que naturais. Bem, é francamente contrário à tradição católica, que em tantos pontos coincide com o senso comum, supor que essa seja realmente a proporção de tais coisas na vida humana prática. Além disso, mesmo consideradas como histórias sobrenaturais ou quase milagrosas, elas obviamente caem em certas categorias diferentes, não tanto por nossa experiência de milagres, mas por nossa experiência de histórias. Algumas delas têm o caráter de contos de fadas, mais por sua forma do que por seu enredo. São obviamente relatos feitos junto à fogueira a camponeses ou filhos de camponeses, em condições nas quais ninguém imagina que estejam propondo uma doutrina religiosa a ser aceita ou rejeitada, mas apenas arredondando uma história da maneira mais simétrica possível, segundo aquele tipo de esquema ou padrão de ornamentação que percorre todas as histórias de fadas. Outras são obviamente em sua forma uma prova enfática, ou seja, são testemunhos de alguma verdade ou mentira, e será muito difícil para qualquer juiz da natureza humana pensar que não sejam verídicas.

Em relação aos estigmas, o que costuma ser admitido é que a história não é uma lenda, mas que só pode ser uma mentira. O que quero dizer é que com certeza não se trata de um acréscimo lendário tardio, adicionado para realçar a fama de São Francisco, mas de algo que começou quase imediatamente com seus primeiros biógrafos. Em termos práticos, é preciso sugerir que foi uma conspiração. De fato, houve uma certa intenção de imputar a fraude ao infeliz Elias[27], que tantas facções se dispuseram a tratar

27 Referência a Elias de Cortona (*c.* 1180-1253), um dos primeiros a se juntar a São Francisco na Ordem dos Frades Menores. (N.T.)

como um útil vilão universal. Já se disse até que aqueles primeiros biógrafos, São Boaventura e Celano e os Três Companheiros[28], embora declarem que São Francisco recebeu as místicas feridas, não dizem que eles próprios as viram. Não acho esse argumento conclusivo, pois ele só destaca a verdadeira natureza da narrativa. Os Três Companheiros não estão de modo algum fazendo uma declaração juramentada, e portanto nenhuma das partes aceitas de sua história está na forma de uma declaração desse tipo. Estão fazendo uma narrativa relativamente impessoal e muito objetivo. Não dizem "Vi as feridas de São Francisco", eles dizem "São Francisco recebeu as feridas". Tampouco dizem "Eu vi São Francisco entrando na Porciúncula", e sim "São Francisco entrou na Porciúncula". Assim, não consigo entender porque deveriam receber crédito como testemunhas oculares a respeito de um fato e não de outro. Tudo é parte da mesma obra; seria uma interferência mais abrupta e anormal na sua maneira de contar a história se de repente se pusessem a xingar e praguejar, a fornecer seus nomes e endereços, e dar sua palavra de que foram eles mesmos que viram e verificaram os fatos físicos em questão. A meu ver, portanto, essa discussão em particular remonta à questão geral que já mencionei: a questão do por que se deveria dar qualquer crédito a essas narrativas, já que elas têm tantos elementos difíceis de acreditar. Mas talvez descobríssemos mais uma vez que isso nos remeteria, em última instância, ao simples fato de que alguns homens não conseguem acreditar em milagres porque são materialistas. Isso é bastante lógico, mas então eles estariam obrigados a negar o extraordinário tanto no testemunho de um moderno catedrático em ciências como no de um cronista medieval monástico. E o que não falta hoje são catedráticos de ciência para eles refutarem.

28 Frei Leão, frei Rufino e frei Ângelo, autores da Legenda dos Três Companheiros, escrita provavelmente em 1246. (N.T.)

Mas seja lá o que se pense a respeito desse sobrenaturalismo, no sentido comparativamente material e popular dos eventos sobrenaturais, teremos perdido totalmente de vista São Francisco, especialmente o São Francisco pós-Alverne, se não compreendermos que ele estava de fato vivendo uma vida sobrenatural. E vemos cada vez mais coisas sobrenaturais em sua vida conforme ele se aproxima de sua morte. Esse elemento sobrenatural não o separa do natural, pois um aspecto fundamental de sua posição era que esse elemento o unia mais perfeitamente ao natural. Não o tornava mais sombrio ou desumanizado, pois o sentido geral de sua mensagem era que tal misticismo torna o homem alegre e humano. Mas o aspecto fundamental de sua posição – e o sentido fundamental de sua mensagem – era que o poder que fazia isso acontecer era um poder sobrenatural. Se essa distinção simples não fosse evidente no conjunto de sua vida, seria difícil para qualquer um deixar de vê-la na leitura do relato de sua morte.

De certa forma, pode-se dizer que ele, moribundo, continuou vagando do mesmo modo que vagara como homem vivo. Parece que, conforme se tornou mais evidente que sua saúde declinava, ele foi carregado de um lugar a outro como uma representação ostensiva da doença ou quase como uma representação da mortalidade. Foi para Rieti, para Núrsia, talvez para Nápoles, com certeza para Cortona junto ao lago de Perúgia. Mas há algo profundamente patético, e cheio de grandes problemas, no fato de que finalmente, ao que parece, a chama de sua vida se reavivou e seu coração se encheu de júbilo quando eles viram ao longe, sobre as montanhas de Assis, os solenes pilares da Porciúncula.

Ele, que se tornara um errante em virtude de uma visão, que negara a si mesmo qualquer sentido de domicílio e posse, ele, cujo evangelho e glória era ser um sem-lar, acabou recebendo como uma flechada parta[29] da natureza o aguilhão da saudade do lar. Teve também sua *maladie du clocher*, sua doença do campanário, se bem que seu campanário era mais alto que o nosso. "Nunca," gritou ele com a repentina energia dos espíritos fortes à beira da morte, "nunca abram mão desse lugar. Se forem a alguma parte ou fizerem qualquer peregrinação, voltem sempre ao seu lar; pois esta é a sagrada casa de Deus". E o cortejo passou sob os arcos de seu lar. E ele se deitou em sua cama e seus irmãos reuniram-se em volta dele para a última longa vigília. A mim não parece o momento adequado para abordar as subsequentes disputas a respeito de que sucessores ele abençoou, de que forma ou com qual significado. Nesse momento único e poderoso, ele abençoou a todos nós.

Depois de se despedir de alguns de seus amigos mais próximos e especialmente de alguns de seus mais antigos amigos, ele foi, a seu pedido, removido de sua cama simples e deitado na terra nua, segundo dizem alguns, apenas com a sua camisola de pano rústico, do jeito que antes se afastara da presença do pai e rumara para os bosques invernais. Era a asserção final de sua grande ideia fixa, da oração e de agradecimento lançados às suas mais elevadas alturas, a partir da própria nudez e despojamento. Enquanto esteve lá deitado podemos ter certeza de que seus olhos cauterizados e cegos não viram nada exceto sua finalidade e sua origem. Podemos estar certos de que a alma, em seu derradeiro inconcebível isolamento, estava face a face com nada menos do que Deus Encarnado e Cristo Crucificado. Mas para os homens em pé em volta dele deve ter havido outros pensamentos imiscuídos nesses. E muitas memórias devem ter se juntado como fantasmas ao crepúsculo, conforme o dia foi passando e a grande escuridão desceu, na qual nós todos perdemos um amigo.

29 Alusão aos habilidosos arqueiros da Pártia, nação do planalto iraniano que no século II a.C. dominou boa parte daquela região. (N.T.)

Pois aquele que estava lá deitado não era Domingos, dos Cães de Deus, um líder de guerras lógicas e controversas que podiam ser reduzidas a um plano e transmitidas como um plano; um mestre de uma máquina de disciplina democrática pela qual os outros podiam se organizar. Quem partia do mundo era uma pessoa, um poeta, uma visão da vida como uma luz que nunca mais se viu no mar ou na terra, algo que não será substituído nem se repetirá enquanto a terra durar. Já se disse que houve apenas um cristão, que morreu na cruz. É mais verdadeiro dizer nesse sentido que houve apenas um franciscano, cujo nome era Francisco. Embora a obra popular que ele deixava fosse um legado imenso e feliz, havia algo que ele não conseguiu legar, assim como um pintor de paisagens não pode deixar seus próprios olhos em testamento. Foi um artista na vida, que agora era chamado a ser um artista na morte. E tinha mais direitos do que Nero, seu antípoda, em dizer *Qualis artifex pereo*. Pois a vida de Nero foi cheia de poses deliberadas, oportunistas, como a vida de um ator, enquanto a vida deste habitante da Úmbria teve uma graça natural e contínua, como a de um atleta. Mas São Francisco tinha coisas melhores a dizer e coisas melhores a pensar, e seus pensamentos foram recebidos nos planos elevados, onde não podemos acompanhá-los, em patamares divinos e vertiginosos aos quais apenas a morte pode nos conduzir.

Em volta dele estavam os irmãos em seu hábito marrom, aqueles que o haviam amado, mesmo que depois tenham surgido discordâncias entre eles. Lá estavam Bernardo, seu primeiro amigo, e Ângelo, que o servira como secretário, e Elias, seu sucessor, que a tradição tentou transformar em uma espécie de Judas, mas que parece ter sido apenas um pouco pior do que um funcionário no cargo errado. Sua tragédia foi ter um hábito franciscano sem um coração franciscano, ou de qualquer modo com uma mente bastante não franciscana. Mas embora tivesse sido um mau franciscano, poderia ter sido um dominicano decente. Seja como for, não há razão para duvidar de seu amor por Francisco, já que até malfeitores e pessoas rudes também o amaram. Seja como for, continuou junto aos demais conforme as horas passavam e as sombras se alongavam na casa da Porciúncula. E ninguém precisa pensar tão mal dele a ponto de supor que seus pensamentos já estavam então postos no tumultuado futuro, nas ambições e controvérsias de seus últimos anos.

Alguém poderá imaginar que os pássaros devem ter sabido quando aconteceu, e feito algum movimento no céu noturno. Afinal, do mesmo modo que certa vez, segundo a história, teriam, ao sinal de dispersão do santo, se espalhado aos quatro ventos e formado o padrão de uma cruz, eles agora poderiam escrever no céu em linhas pontilhadas o terrível augúrio. Talvez nos bosques houvesse agora pequenas criaturas escondidas, que nunca mais seriam notadas e compreendidas; e diz-se que os animais às vezes têm consciência de coisas às quais o homem, embora espiritualmente superior, se mostra ainda cego. Não sabemos tampouco se algum calafrio percorreu a espinha de todos os ladrões e proscritos e os fora da lei, para informar o que acontecera com aquele que nunca conheceu a natureza do desprezo. Mas pelo menos nas passagens e nos pórticos da Porciúncula houve uma repentina quietude, e todas as figuras marrons imobilizaram-se como estátuas de bronze. Pela parada do grande coração, que não sossegou até ter abraçado o mundo.

Capítulo X
O testamento de São Francisco

Em certo sentido, é sem dúvida uma triste ironia que São Francisco, depois de passar a vida pregando a concórdia entre todos os homens, tenha morrido em meio a crescentes desavenças. Mas não devemos exagerar essa discórdia, como alguns fizeram, e transformá-la em uma mera derrota de todos os seus ideais. Alguns representam sua obra como tendo sido arruinada pelas perversidades do mundo, ou por aquilo que sempre supõem ser a perversidade ainda maior da Igreja.

Este pequeno livro é um ensaio sobre São Francisco e não sobre a Ordem Franciscana, e menos ainda sobre a Igreja Católica ou o Papado ou a política adotada em relação aos franciscanos extremistas ou *fraticelli*. Portanto, é necessário apenas observar em poucas palavras qual foi a natureza geral da controvérsia surgida após a morte do grande santo, e que em alguma medida perturbou os últimos dias de sua vida. O detalhe predominante foi a interpretação dos votos de pobreza, ou a recusa de todas as posses. Ninguém, pelo que sei, jamais propôs interferir nos votos do frade individual de não ter bens pessoais. Ou seja, ninguém propôs interferir em sua negação da propriedade privada. Mas alguns franciscanos, invocando em sua defesa a autoridade de Francisco, foram além disso, e além, a meu ver, do que ninguém jamais tinha ido. Propuseram abolir não só a propriedade privada mas a propriedade. Ou seja, recusaram-se a ser corporativamente responsáveis pelo que quer que fosse – edifícios ou provisões ou utensílios. Recusaram-se a possuí-los coletivamente, mesmo quando os usavam coletivamente. É bem verdade que muitos deles, especialmente entre os primeiros defensores desse ponto de vista, eram homens de um esplêndido espírito desprendido, com uma dedicação total ao ideal do grande santo. Também é bem verdade que o papa e as autoridades da Igreja não encaravam essa concepção como um arranjo viável, e para modificá-la chegaram ao ponto de desconsiderar certas cláusulas do testamento do grande santo. Mas não é nada fácil encarar isso como um arranjo viável ou sequer como um arranjo, pois na verdade tratava-se de uma recusa a adotar um arranjo para o que quer que fosse. Todos sabiam, é claro, que os franciscanos eram comunistas, mas isso não era bem ser comunista e sim anarquista. Com certeza, seja qual foi o argumento, alguém ou algo teria que ficar responsável pelo que viesse a acontecer com ou dentro ou em relação a determinado número de edifícios históricos e posses e haveres. Muitos idealistas de cunho socialista, em especial os da escola do senhor Shaw[30] ou do senhor Wells, trataram essa discussão como se fosse um simples caso de tirania dos ricos e perversos pontífices oprimindo o verdadeiro cristianismo ou os socialistas cristãos. Na verdade, porém, esse ideal extremo era em certo sentido o

30 George Bernard Shaw (1856-1950), influente dramaturgo, crítico e polemista irlandês. Autor de peças como *Pigmaleoa*, *Major Bárbara* e *Homem e superhomem*, recebeu o Nobel de Literatura em 1925. Era amigo próximo de Chesterton. (N.E.)

exato oposto do ideal socialista, ou mesmo do social. O que esses entusiastas rejeitavam era justamente aquela propriedade social sobre a qual se assenta o socialismo; o que eles se recusavam a fazer era aquilo que define essencialmente a existência dos socialistas: a posse legal no exercício da capacidade corporativa. Tampouco é verdade que o tom dos papas em relação aos entusiastas fosse apenas ríspido e hostil. O papa por muito tempo sustentou um compromisso que ele concebera especialmente para atender àquelas objeções de consciência, um compromisso pelo qual o próprio papado detinha a propriedade, em uma espécie de custódia, para os proprietários que se recusavam a assumi-la. A verdade é que tal incidente mostra duas coisas, muito comuns na história católica, mas muito pouco compreendidas pela história jornalística da civilização industrial. Mostra que os santos tinham às vezes elevada estatura enquanto os papas eram homens de pequena estatura. Mas mostra também que os grandes homens às vezes estão errados e os pequenos, certos. E de qualquer maneira descobriremos que é muito difícil para qualquer pessoa de fora, imparcial e lúcida, negar que o papa estivesse certo quando insistiu que o mundo não havia sido feito apenas para os franciscanos.

Pois era isso que estava por trás da disputa. Sob esta questão prática específica havia algo bem maior e mais premente, cuja agitação podemos sentir conforme lemos a controvérsia. Podemos ir ao ponto de colocar a verdade última do seguinte modo. São Francisco era um homem tão magnífico e original que tinha algo do que compõe o fundador de uma religião. Muitos de seus seguidores estavam mais ou menos prontos, em seus corações, para tratá-lo como o fundador de uma religião. Eles queriam que o espírito franciscano escapasse do cristianismo como o espírito cristão escapara de Israel. Eles queriam que ele eclipsasse o cristianismo como o espírito cristão havia eclipsado Israel. Francisco, o fogo que percorria as estradas da Itália, seria o início de uma conflagração na qual a velha civilização cristã seria consumida. Era esse o ponto que o papa precisava resolver: se o cristianismo devia absorver Francisco ou Francisco, o cristianismo. E sua decisão foi correta, independentemente dos deveres de seu cargo, pois a Igreja podia incluir tudo o que fosse bom nos franciscanos, mas os franciscanos não podiam incluir tudo o que fosse bom na Igreja.

Existe uma consideração que, embora suficientemente clara na história toda, talvez não tenha sido bem observada, em especial por aqueles que não conseguem ver o caso por um certo senso comum católico, que é maior ainda do que o entusiasmo franciscano. E, no entanto, ela decorre dos próprios méritos do homem que eles com todo acerto admiram. Francisco de Assis, como já foi repetido tantas vezes, era um poeta, ou seja, uma pessoa capaz de expressar sua personalidade. Agora vemos por toda a parte a marca dessa espécie de homem, que se engrandece por suas próprias limitações. Ele é o que é, não só pelo que tem, mas em certa medida pelo que não tem. No entanto, os limites que são definidos pelas linhas do retrato dessa pessoa não podem ser os limites de toda a humanidade. São Francisco é um exemplo muito forte dessa qualidade no homem de gênio – a de que nele até o que é negativo se torna positivo, porque é parte de uma personalidade. Um excelente exemplo do que estou dizendo pode ser encontrado em sua atitude em relação ao conhecimento e à erudição. Ele ignorava e em certa medida desestimulava livros e aprendizagem em livros. E de seu próprio ponto de vista e daquele de sua própria obra no mundo ele estava absolutamente certo. O ponto fundamental de sua mensagem era ser tão simples que o idiota da aldeia fosse capaz de entendê-lo. O ponto fundamental de sua visão era que ela constituía um olhar renovado sobre um mundo renovado, que podia ter sido criado naquela manhã. Exceto pelas grandes coisas primordiais, a Criação e a História do Éden, o primeiro Natal e a primeira Páscoa, o mundo não tinha história. Mas é desejado ou desejável que toda a Igreja Católica não tenha história?

Talvez a principal sugestão deste livro seja que São Francisco andou pelo mundo como o Perdão de Deus. Quero dizer que seu aparecimento marcou o momento em que os homens puderam se reconciliar não apenas com Deus, mas com a natureza e, o mais difícil de tudo, consigo mesmos. Pois assinalou o momento em que todo o paganismo rançoso que havia envenenado o mundo antigo foi finalmente extirpado do sistema social. Ele abriu os portões da Idade das Trevas como os de uma prisão do purgatório, onde os homens haviam se purificado como ermitões no deserto ou heróis em guerras bárbaras. Era na verdade sua função principal dizer aos homens para recomeçar e, nesse sentido, dizer a eles que esquecessem. Já que estavam virando uma página e iniciando uma nova com as primeiras grandes letras do alfabeto, desenhadas de maneira simples e em cores brilhantes no antigo estilo medieval, claramente fazia parte dessa alegria infantil específica que eles virassem a velha página, que era toda ela sombria e sangrenta, cheia de coisas horríveis. Por exemplo, já observei que não há na poesia desse primeiro poeta italiano um vestígio sequer de toda a mitologia pagã que se prolongou bastante após o paganismo. O primeiro poeta italiano parece o único homem no mundo que nunca sequer ouviu falar de Virgílio. Isso é bem adequado ao sentido particular pelo qual ele é o primeiro poeta italiano. É bem adequado que ele chame um rouxinol de rouxinol, e que não tenha sua poesia comprometida ou entristecida pelas terríveis histórias de Ítilo ou Procne. Em resumo, é realmente bem adequado e bem desejável que São Francisco nunca tenha ouvido falar de Virgílio. Mas será que desejaríamos de fato que Dante nunca tivesse ouvido falar de Virgílio? Ou que nunca tivesse lido nada de mitologia pagã? Já se afirmou corretamente que o uso que Dante faz de tais fábulas é totalmente parte de uma ortodoxia mais profunda, que seus imensos fragmentos pagãos, suas gigantescas figuras de Minos ou de Caronte dão apenas uma pista de alguma imensa religião natural por trás de toda a história e dos primeiros prenúncios da Fé. É bom ter a Sibila assim como Davi no *Dies Irae*. Que São Francisco teria queimado todas as folhas de todos os livros sobre a Sibila em troca de apenas uma folha fresca da árvore mais próxima é bem verdade – e perfeitamente adequado a São Francisco. Mas é bom que tenhamos tanto o *Dies Irae* quanto o *Cântico do Sol*.

Segundo essa tese, em resumo, a vinda de São Francisco foi como se tivesse nascido uma criança em uma casa triste, e tivesse mudado sua sorte. Uma criança que cresceu inconsciente da tragédia e a superou por sua inocência. Nela se faz necessária não só a inocência, mas também a ignorância. É parte da essência da história que *esta criança* colha as folhas de relva sem saber que crescem sobre um homem morto, ou que suba na macieira sem saber que serviu de forca a um suicida. Foram essa anistia e essa reconciliação que o frescor do espírito franciscano trouxe ao mundo inteiro. Mas não se segue daí que essa ignorância devesse ser imposta ao mundo todo. E acho que era isso que se tentaria fazer. A alguns franciscanos pareceria certo que a poesia franciscana tomasse o lugar da prosa beneditina. Pois para essa criança simbólica isso seria bem racional. Seria correto que para essa criança o mundo fosse uma grande creche nova, com paredes brancas caiadas e nuas, nas quais ela pudesse pintar seus próprios desenhos com giz colorido, como fazem as crianças, com contornos toscos e cores alegres. Os primórdios de toda a nossa arte. Seria correto que para ela tal creche fosse semelhante à mais magnífica morada que a imaginação do homem pudesse conceber. Mas na Igreja de Deus há várias moradas.

Toda heresia é um esforço de limitar a Igreja. Se o movimento franciscano tivesse se tornado uma nova religião, teria sido uma religião restrita. À medida que se tornou aqui e ali uma heresia, virou uma heresia restrita. Fez o que uma heresia sempre faz: definiu um estado de espírito contraposto à mente. Sem dúvida, o estado de espírito era originalmente o bom e glorioso estado de espírito do grande São Francisco, mas não era a mente inteira de Deus ou mesmo do homem. E é um fato que o próprio estado de espírito degenera, conforme vai se tornando uma ideia fixa. Uma seita que veio a ser conhecida como os *fraticelli* declarou que seus membros eram os verdadeiros filhos de São Francisco e rompeu seus compromissos com Roma em favor do que eles pretendiam chamar de programa completo de Assis. Em muito pouco tempo esses vagos franciscanos começaram a parecer tão ferozes quanto os Flagelantes. Lançaram novos e violentos vetos. Condenaram o casamento, ou seja, condenaram a humanidade. Em nome do mais humano dos santos declararam guerra à humanidade. Não foram extintos particularmente por meio de perseguições. Muitos deles acabaram sendo persuadidos. E o rebotalho dos não persuadidos, o que restou, restou sem produzir nada que fizesse alguém lembrar de longe o São Francisco real. O problema deles é que eram místicos. Místicos, e nada além de místicos. Místicos, não católicos. Místicos, mas não cristãos. Místicos, não homens. Eles acabaram apodrecendo e sumindo porque, no sentido mais exato, não deram ouvidos à razão. E São Francisco, por mais que suas elucubrações pudessem parecer loucas e românticas a muita gente, sempre ficou preso à razão por um invisível e indestrutível fio de cabelo.

O grande santo era mentalmente saudável, e é com o próprio som da palavra "saudável", como se fosse um acorde mais profundo de uma harpa, que voltamos a algo realmente mais profundo do que todas aquelas suas excentricidades mais próprias de um elfo. Ele não foi um mero excêntrico, porque estava sempre voltando ao centro e ao coração do labirinto. Podia tomar os mais estranhos e ziguezagueantes atalhos pelo bosque, mas estava sempre indo para casa. Não só foi humilde demais para ser um heresiarca, como foi demasiadamente humano para desejar ser um extremista, no sentido de um exilado nos confins da terra. O senso de humor que tempera todas as histórias de suas escapadas solitárias evitou que chegasse alguma vez a se enrijecer na solenidade do farisaísmo sectário. Dispunha-se sempre por natureza a admitir que estava errado; e se seus seguidores tivessem que admitir que ele estava errado em relação a algumas questões práticas, só admitiam que ele estava errado a fim de provar que estava certo. Pois foram eles, seus reais seguidores, que de fato provaram que ele estava certo, e mesmo ao transcenderem algumas de suas negações conseguiram de modo triunfal estender e interpretar sua verdade. A ordem franciscana não se fossilizou ou foi interrompida precocemente como algo cujo propósito tivesse sido frustrado pela tirania oficial ou por traições internas. Foi esse seu tronco central e ortodoxo que mais tarde deu frutos para o mundo. A ordem contou entre seus filhos com Boaventura, o grande místico, e Bernardino, o pregador popular, que espalhou pela Itália as palhaçadas muito beatíficas desse Menestrel de Deus. Contou com Ramón Llull, com sua estranha erudição e seus grandes e ousados planos para a conversão do mundo – um homem intensamente individual, exatamente como São Francisco o foi. Contou com Roger Bacon, que foi o primeiro naturalista cujos experimentos com a luz e a água tiveram toda a luminosa originalidade que é própria dos primórdios da história natural, e que foi aclamado como um dos pais da ciência até mesmo pelos cientistas mais materialistas. Não é só a pura verdade que esses foram grandes homens, que deram uma grande contribuição para o mundo. Também é verdade que foram homens que mantiveram o espírito e o sabor de um certo tipo de homem, e que podemos perceber neles um gosto e um traço de audácia e simplicidade, e reconhecê-los como filhos de São Francisco.

Pois este é o espírito pleno e definitivo com o qual devemos nos voltar para São Francisco: um espírito de gratidão por tudo o que ele fez. Era, em especial, um grande doador, e preocupou-se principalmente com a melhor espécie de altruísmo, a chamada ação de graças. Se outro grande homem escreveu uma gramática da aquiescência[31], podemos muito bem dizer que ele escreveu uma gramática da aceitação, uma gramática da gratidão. Entendeu a teoria do agradecimento até suas maiores profundidades; e suas profundidades são um abismo sem fim. Sabia que a louvação a Deus se apoia em terreno mais firme quando não se apoia em nada. Sabia que podemos avaliar melhor o grandioso milagre do simples fato da existência ao compreendermos que, se não fosse por uma estranha misericórdia, não poderíamos sequer existir. E algo desta verdade superior repete-se de uma forma menor em nossas próprias relações com um tão poderoso fazedor da história. Ele é também um doador de coisas que nem poderíamos pensar por nós mesmos. E também é grande demais para receber qualquer outra coisa que não seja a gratidão. Dele adveio um amplo despertar do mundo e um alvorecer no qual todas as formas e cores podem ser vistas renovadas. Os grandes homens de gênio, construtores da civilização cristã que conhecemos, aparecem na história quase como seus servos e imitadores. Antes de Dante, ele deu poesia à Itália; antes que São Luís governasse, ele já se erguera como o tribuno dos pobres; e antes de Giotto ter pintado seus quadros, já havia representado as cenas. Esse grande pintor que deu início a toda a inspiração humanista da pintura europeia foi pessoalmente até o santo para se inspirar. Conta-se que, quando São Francisco encenou em seu estilo simples uma peça sobre o nascimento em Belém, com reis e anjos nas rígidas e alegres vestimentas medievais e com as perucas loiras que faziam as vezes de auréolas, operou-se um milagre cheio da glória franciscana. O Menino Jesus era um boneco ou *bambino* de madeira, e dizem que quando ele o

31 Referência ao livro *Grammar of Assent*, do cardeal Newman. (N.T.)

segurou a imagem ganhou vida em seus braços. Com certeza ele não pensava em coisas de menor importância, mas podemos pelo menos dizer que uma coisa ganhou vida em seus braços, e essa coisa era o que chamamos de drama. A não ser por seu intenso amor pessoal pelo canto, ele talvez não tenha expressado esse espírito em nenhuma dessas artes. Mas era o espírito corporificado. Era a essência espiritual e a substância que caminhou pelo mundo, antes que alguém tivesse encontrado essas coisas em formas visíveis derivadas desse espírito: um fogo itinerante como saído de lugar nenhum, com o qual homens mais materiais podiam acender tanto tochas como velas. Ele foi a alma da civilização medieval antes mesmo que ela encontrasse um corpo. Uma nova corrente totalmente diferente de inspiração espiritual derivou em grande parte dele – toda aquela energia reformadora dos tempos medievais e modernos que decorre do ônus do *Deus est Deus Pauperum.* Seu abstrato entusiasmo pelos seres humanos está inscrito em grande número de justas leis medievais contra a arrogância e a crueldade dos ricos, e por trás de boa parte daqueles que hoje chamamos vagamente de socialistas cristãos e que seriam mais adequadamente chamados de democratas católicos. Nem no mundo artístico nem no mundo social ninguém defenderia que essas coisas não teriam existido sem São Francisco, mas é rigorosamente verdadeiro dizer que não as poderíamos imaginar sem ele, por ele ter vivido e mudado o mundo.

E algo desse sentimento de impotência que constituía mais da metade de sua força irá invadir qualquer um que saiba o que essa inspiração representou na história, e que só consiga registrá-la em um amontoado de frases desordenadas e insuficientes. Conhecerá um pouco do que São Francisco representou por meio dessa dívida substancial e vigente, que não pode ser saldada. Sentirá ao mesmo tempo o desejo de ter feito infinitamente mais e a futilidade de não ter feito nada. Saberá o que é estar sob tal dilúvio de maravilhas prodigalizadas por um homem já morto, sem ter nada para oferecer de volta como compensação, nada para colocar sob os altos e impressionantes arcos de tal templo feito de tempo e eternidade, a não ser essa pequena vela queimando tão rapidamente diante de seu santuário.

tipologia Abril
papel Lux Cream 70 g/m²
impresso por Edições Loyola para Mundaréu
São Paulo, junho de 2016